Schweiz

W0105602

Eugen E. Hüsler

Allgemeines

Stadtbeschreibungen

Ein Bummel durch die alte Rheinstadt am Dreiländereck ist nicht nur zur berühmten Fasnacht ein Erlebnis.

Gemütlich geht es zu bei den Bernern und ihren »Mutzen«. Und in den alten Laubengängen gibt es niemals schlechtes Wetter.

Wo die große Welt der kleinen Schweiz am nächsten ist: internationales Ambiente und welsches Flair am Genfer See.

Luzern – Postkartenidylle am Vierwaldstätter See

Seite 42

Das liebste Ziel der Schweiz-Besucher – und das aus gutem Grund. Nicht nur der stattliche Pilatus und die malerische Kapellbrücke machen Luzern so anziehend.

Zürich – Die heimliche Hauptstadt

Seite 46

Bei der Wirtschaftsmetropole der Schweiz stellt sich die Frage: Ist sie die kleinste Weltstadt oder das größte Dorf auf Erden?

Touren

Tour 1

Das steinerne Herz der Eidgenossen

Seite 52

Der klassische Weg Richtung Süden: vom Rhein über Zürich bis zum St. Gotthard. Hierbei passiert man auch die Wiege der Eidgenossenschaft: Schwyz.

Tour 2

Das Tor zum Süden

Seite 57

Das Tessin – die Sonnenstube der Schweiz. Der Ferientraum vieler Generationen hat noch einige (fast) unbekannte Seiten: die unberührten Gebirgstäler des Sopra Ceneri.

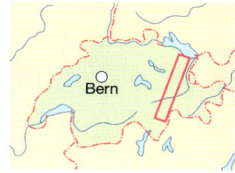

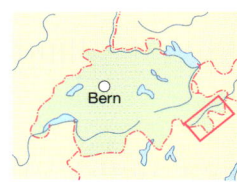

Tour 8

Eiger, Mönche und Jungfrau

Seite 92

Wer kennt sie nicht, die legendären Gipfel des Berner Oberlandes. Von ihnen schwärmten bereits die ersten Reisenden vor über hundert Jahren.

Tour 9

Das Wallis

Seite 96

Das tiefste Tal des Landes wird von den Giganten der alpinen Bergwelt umgeben, darunter der schönste Gipfel der Alpen, das Matterhorn.

Bildnachweis

Alle Fotos APA Publications/Bill Wassman außer Thomas Andenmatten: 15-2; Daniel Anker: 15-1; Bergbahnen Saanenland-Simmertal AG/Snow Cart: 8; Bildarchiv Steffens/Walter Allgöwer: 92; Bildarchiv Steffens/Ralph Rainer Steffens: 56, 58; Ralf Freyer: 10/11 (Fond), 11, 26, 36-2, 90; Martin Kirchner: 1; laif/Martin Kirchner: 12, 25-1, 40; Gerold Jung: 73; Mystery Park, Interlaken: 10; Rhätische Bahn/Peter Donatsch: 9; swiss-image.ch: 6, 8/9 (Fond), 24, 28; Teufelhof/ Claude Giger: 6/7 (Fond), 7; Ursula Wiegand: 51. Titelbild: Eildagentur Huber/M. Mehlig.

Ungewöhnlich wohnen

Schon einmal im Stroh geschlafen? Oder rechtzeitig zum Sonnenaufgang auf einem Gipfel der Berner Alpen aus den Federn gekrochen? Manche schlafen da lieber aus, vielleicht nach einem erlesenen Diner mit anschließendem Besuch im hoteleigenen Theater. In Sachen Unterkunft hat die Schweiz einiges Besondere zu bieten. Und es findet sich für jeden etwas, fürs kleine Portemonnaie wie auch für den dicken Geldbeutel.

Strohlager oder Designerbett

Natur pur

▌**Strohnetz** (Ostschweiz): Ein Netzwerk der besonderen Art! Sein Haupt bettet man in einem Bauernhof auf Stroh, dazu gibt es für Aktive verschiedene Angebote wie das »Wander-Netz«, eine Tour zu Fuß, die in einer Woche vom Alpstein zu den Churfirsten führt, das »Abenteuer-Netz« quer durchs Appenzeller Land oder das »Rad-Netz« für begeisterte Radler mit gut trainierten Wadeln. Näheres ist zu erfahrem beim Tourismusverband Ostschweiz, Tel. 071/227 37 37, Fax 227 37 67, www.st.gallen-bodensee.ch.

▌**Höllochgrotte** (Zentralschweiz, Muotatal): In der längsten Höhle der Alpen kann man eine Nacht mit der dicksten (Fels-) Decke über dem Kopf verbringen. Da warten enge Gänge mit Kriechpassagen, tauchen bizarre Kalkablagerungen auf, sogar ein gischtender Wasserfall. Gut isolierte Lager und vollkommene Stille sorgen für angenehme Nachtruhe. Trekking Team, 6353 Weggis, Tel. 041/390 40 40, Fax 390 40 39, www.trekking.ch.

▌**Iglu** (Scuol, Engadin): Fast wie bei den Eskimos: eine Iglunacht in Graubünden mit Sauna oder Schneeschuhwanderung, Käsefondue und Expeditionsschlafsack (Reservierung unter Tel. 081/862 22 11, www.iglu-dorf.com).

Historische Mauern

▌**Hotel Tödi** (Glarnerland/Linthal, Tel. 055/643 16 27, Fax 643 17 24, www.toedi.ch): In dem 150 Jahre alten Haus schrieb Karl Kraus an seinen »Letzten Tagen der Menschheit«, genießt man damals wie heute neben den »Glarner Chalberwürscht« auch die große Bergkulisse. ○

▌**Grandhotel Giessbach** (Berner Oberland, Brienz, Tel. 033/952 25 25, Fax 952 25 30, www.giessbach.ch): Den 1874 erbauten Hotelpalast erreicht man nicht nur über eine Straße, sondern viel romantischer von Brienz aus per Schiff und mit der hoteleigenen Standseilbahn. Gleich neben dem Haus: die berühmten Giessbachfälle. ○○○

Voll im Trend

▌**Der Teufelhof** (Basel, Leonhardsgraben 47, Tel. 061/261 10 10, Fax 261 10 04, www.teufelhof.com): Dass (gut) Kochen eine Kunst ist, steht außer Frage, und deshalb erscheint es nur logisch, wenn man unter einem Dach Kochlöffel und Tanzbein schwingt, Menü- und Theaterkarten verteilt. Im Idealfall verbringt der solcherart Verwöhnte auch noch die Nacht in einem der individuell-künstlerisch gestalteten Zimmer. Einfach himmlisch, der »Teufelhof«! ○○○

▌**Alpine Lodge** (Saanen-Gstaad, Tel. 033/748 41 51, Fax 748 41 52, www.alpinelodge.ch): Ein Hotel ganz nach dem Geschmack unserer Zeit: Internet-Anschluss in jedem Zimmer (umsonst surfen Tag und Nacht!), Fitnessraum, Sauna und Dampfgrotte für zwischendurch, ein Swimmingpool für's Kennenlernen und dazu ein Adventure-Programm als Freiluft-Alternative. ○○

Bett mit Aussicht

▌**Faulhorn** (Berner Oberland, Tel. 033/853 27 13, Fax 853 07 50): Den Sonnenaufgang über Eiger, Mönch und Jungfrau vom Berggasthaus auf dem Gipfel des Faulhorns (2681 m) zu beobachten ist ein Traum! In etwa drei Stunden wandert man von der Schynigen Platte (Zahnradbahn ab Wilderswil) oder vom First (Seilbahn ab Grindelwald) zum diesem Ausguck zwei Kilometer über dem Brienzer See. Im Juli und August empfiehlt sich eine Reservierung. ○

▌**Hotel Belalp** (Oberwallis, Blatten, Tel. 027/924 24 22, Fax 924 30 95): Seit hundertfünfzig Jahren steht das Haus an diesem einmalig schönen Platz vor dem größten aller Alpengletscher, dem Aletsch. Und heute kommt man per Luftseilbahn von Blatten auch ganz bequem zu diesem Logenplatz. ○○

Das gibt's bei keiner
Olympiade

Aktivurlaub wird im Alpenland groß geschrieben. Hat man sich schon im Mountainbiking und Skaten versucht, wird man vielleicht einmal auf einem Trottinett (Roller im Großformat) davonsausen. Und wenn der Postler in Grindelwald mit seinem »Velogemel« – halb Fahrrad, halb Schlitten – daherkommt, hat sich bestimmt schon mancher gedacht, das wäre jetzt der letzte Wintersportgag.

Winterabenteuer

■ **Auf Jack Londons Spuren:** Mit Schneeschuhen, Huskys und Schlitten lernt man die Berglandschaft des Gantrisch südlich von Bern kennen – ein Wintermärchen. Übernachtet wird bei der zweitägigen Tour im Kurhotel Schwefelbergbad. Infos unter Tel./Fax 031/809 31 09, www.wintersport-gantrisch.ch.
■ **Snow Cart:** Die ganz neue »Unterlage« für eine Abfahrt im stiebenden Schnee: das Snow Cart mit drei Kufen, einem Sitz und Lenkrad und – wie praktisch! – sogar Bremsen.
– Alpinzentrum Gstaad, Tel. 033/748 41 61, Fax 748 41 62, www.alpinevents.com.
– Bergbahnen Saanenland-Simmental, Tel. 033/748 87 35.
■ **Snow Scoot:** Wer auf dem Snowboard noch nicht ganz sattelfest ist, sollte vielleicht diese Variante mit Haltegriff ausprobieren, z. B. bei Mountain Evasion, Les Diablerets, Tel. 024/492 12 32.

In luftigen Höhen

▌**Indiana Jones Trail** (Berner Oberland, Alpinzentrum Gstaad, Tel. 033/748 41 61, Fax 748 41 62, www.alpinevents.com). Etwas für Abenteuerlustige, die bei den Filmen mit Harrison Ford weder feuchte Hände noch Herzklopfen bekommen. Denn beim Tanz über die Himalaya-Seilbrücke braucht es einiges Geschick, beim freien Fall in eine abgründige Schlucht stählerne Nerven – auch wenn man immer angeseilt ist.

▌**Parc Adventure** (Waadtländer Alpen, Aigle, Tel. 024/466 30 30, www.alp3000.ch). Ein Erlebnispark für »toute la famille«, der den Adrenalinspiegel der Erwachsenen leicht ansteigen lässt und den Kids jede Menge Spaß macht. Etwas Mut und Geschicklichkeit gehören schon dazu, dass man zwischen den Baumwipfeln nicht das (äußere und innere) Gleichgewicht verliert (Mai, Juni, September, Oktober Mi–Fr 13.30–18 Uhr, Sa/So 9–18 Uhr, Juli/August tgl. 9–18 Uhr).

Alles rollt

In der Schweiz gibt es jede Menge Möglichkeiten für Inlineskater. Wie wär's mit einer viertägigen Tour von Bad Ragaz bis Schaffhausen am Rheinfall, in drei bis sechs Tagen entlang der Rhone oder durchs Mittelland mit Unterkunft in guten Hotels und Gepäcktransfer? Gefahren wird meist auf Fahrradwegen oder verkehrsarmen Nebenstraßen.

▌**Eurotrek,** Vulkanstraße 116, 8048 Zürich, Tel. 01/434 33 66, Fax 434 33 44.

▌**Railtour Suisse,** Bern, Tel. 031/378 01 00, www.railtour.ch.

▌**Block 37,** Katharina-Sulzer-Platz, Winterthur, Tel. 052/267 67 00, www.block37.ch. Wo einst die Sulzer-Schiffsturbinen zusammengebaut wurden, ist heute der Bär los: Da gibt's einen Rollerpark mit Rundkurs, daneben ein Beachvolleyballfeld, einen Kletterturm, und nicht einmal das Bistro mit Internet-Anschluss fehlt ... (Mo 16–23 Uhr, Di–Fr 12–23 Uhr, Sa 10–23 Uhr, So 10–20 Uhr).

Tipp Das Trottinett, der Roller aus Opas Zeiten, feiert seine Renaissance – jetzt gibt es ihn sogar mit Elektroantrieb. An zahlreichen Bahnhöfen der Rhätischen Bahn in Graubünden kann man ein Trottinett mieten, dazu gibt es einen Prospekt mit der »Reiseroute«.

▌**Rhätische Bahn,** Tel. 081/254 91 04, Fax 254 91 05, www.rhb.ch.

Wer genauer auf die Museumslandschaft der kleinen Schweiz guckt, stellt fest, dass hier so manches Highlight aus der Vielzahl der Museen (an die 600) herausragt wie die viel bestaunten Alpengipfel zwischen St. Moritz und Zermatt. Lassen Sie sich überraschen! Einen Vorgeschmack bekommt man unter www.museums.ch.

Tipp Mit dem Schweizer Museumspass kann man 250 Museen kostenlos besichtigen (gültig für einen Monat, 30 CHF, incl. Kindern 35 CHF). Verkauft wird er in den Museen und Touristeninformationen.

Von Käsern, Schmugglern und **Fantasten**

Grenzerfahrungen

▎**Museo delle Dogane Svizzere** (Luganer See, Cantine di Gandria, Tel. 091/923 98 43). Das kleine Museum am Luganer See ist nur per Schiff von Gandria aus erreichbar. In dem ehemaligen Grenzwachhaus kann man über die – mitunter sehr originellen – Schmugglermethoden vergangener Tagen nur staunen (April bis Oktober tgl. 13.30–17.30 Uhr).
▎**Alpines Museum Zermatt** (Wallis, Tel. 027/967 41 00). Statt dem »Horu« zu Leibe zu rücken, kann man auch im neuen Museum die tragische Eroberungsgeschichte des Matterhorns verfolgen und viel Wissenswertes über das Leben in den Alpen erfahren (Sommer tgl. 16–18 Uhr, Winter So–Fr 16.30–18.30 Uhr).
▎**Microcosm** (Meyrin, Genf, Tel. 022/767 84 84, Fax 767 87 10, www.cern.ch). Wie man über die winzigsten Atomteilchen den großen Zusammenhängen unseres Universums und seiner Entstehung auf die Spur zu kommen versucht, zeigt ein Besuch im Teilchenbeschleuniger des CERN. Übrigens: Hier wurde die Idee zum www. geboren (Mo 14–17 Uhr, Di–Sa 9–17 Uhr).

Utopia in der Schweiz

▎**Mystery Park** (Berner Oberland, Interlaken, Tel. 033/827 57 57, Fax 827 57 58, www.mysterypark.ch). Im Mai 2003 öffnet dieser besondere Park bei Interlaken seine Pforten. Groß und Klein können sich dann aufmachen zu einer fantastischen Reise zum Thema die Rätsel unserer Welt – auf den Spuren Erich von Dänikens (tgl. 10–17.30 Uhr).
▎**Maison Ailleurs** (Yverdon-les-Bains, Tel. 024/425 64 38, Fax 425 65 75, www.ailleurs.ch). Dass man auch in der Schweiz weit in die »unendlichen Tiefen des Alls« schaut, beweist das »Haus von Anderswo«, gegründet von dem Schriftsteller Pierre Versins – eine Fundgrube für alle Raumschiff-Enterprise-Fans (Mi–So 14–18 Uhr).

Landesspezialitäten

Was liegt näher in der Schweiz, als einmal zuzuschauen, wie
aus Milch in einem aufwändigen Prozess Käse oder Schoggi her-
gestellt wird – am besten gleich mit anschließender Kostprobe.

▪ **Appenzeller Volkskundemuseum Stein,** 9063 Stein,
Tel. 071/368 50 56 (Mo 13.30–17, Di–So 10–12, 13.30–17 Uhr).
Gekäst wird in einer Alphütte.
▪ **Schaukäserei Kloster Engelberg** (Zentralschweiz,
Tel. 041/638 08 88, www.schaukaeserei-engelberg.ch).
Hier kann man sich gleich ein Stück Käse mitnehmen, den halb-
harten Klosterkäse oder die Engelberger Klosterglocke, einen
feinen Rahmweichkäse (Mo–Sa 9.30–18.30 Uhr, So 9.30–17 Uhr).
▪ **Emmentaler Schaukäserei,** Affoltern, Tel. 034/435 16 11
(tgl. 8.30–18 Uhr).
▪ **Schaukäserei Schwyzerland,** 6423 Seewen, Tel. 041/811 61 61
(Di–Sa 9–18 Uhr).
▪ **Schokoland Alprose,** 6987 Caslano, Tel. 091/611 88 56
(Mo–Fr 9–18 Uhr, Sa/So 9–17 Uhr).
So manch süßem Geheimnis kommt man bei einem Besuch des
Schokoladenmuseums am Luganer See auf die Spur: Wo kommt der
Kakao her, wie wird feine Schokolade daraus … Der Schokoladen-
brunnen bringt den Besucher so richtig auf den Geschmack.
▪ **Confiserie Stettler,** Genf, Anmeldungen zu Führungen bei Genf
Tourismus, Tel. 022/909 70 00, E-Mail: info@geneve-tourism.ch. Hier
kann man bei der Herstellung feinster Schokospezialitäten zuschauen.

Im Herzen Europas

Lage und Landschaft

Die Fläche der Schweiz beträgt 41293 km², das entspricht zum Vergleich gut einem Zehntel der Größe Deutschlands. Ihre Grenzen gegen Österreich, das Fürstentum Liechtenstein, Italien, Frankreich und Deutschland sind knapp 1900 km lang.

Allalinhorn (4027 m) bei Saas Fee

Die Gebirge

Die geografische Gliederung zeigt drei große natürliche Landschaften. Fast zwei Drittel der Bodenfläche nehmen die Alpen ein, die das Land von Südwesten nach Nordosten durchziehen, während auf die im nordwestlichen Grenzraum liegenden Höhenzüge des Jura etwa ein Sechstel entfällt.

Das von diesen beiden Gebirgen umrahmte, dicht besiedelte Mittelland erstreckt sich vom Lac Léman (Genfer See) bis zum Bodensee. Die von Rhone und Vorderrhein gebildete Längsfurche zerschneidet die Alpen in zwei Hauptketten. Die nördliche Kette zerfällt ihrerseits in mehrere große Gruppen. Westlich des Rhonedurchbruchs erheben sich die Savoyer Alpen (Dents du Midi, 3257 m). Sie finden ihre Fortsetzung in den lang gestreckten Berner Alpen, die im Westen vorwiegend aus Kalk (Les Diablerets, 3210 m), östlich des Lötschenpasses aus Granit und Gneis bestehen. Das stark vergletscherte Aaremassiv bildet hier die gewaltigste Massenerhebung der Nordalpen (Aletschhorn, 4195 m; Finsteraarhorn, 4274 m; Jungfrau, 4158 m).

Noch größere Höhen erreicht die südliche Kette, die im Westen mit den Walliser Alpen beginnt. Aus ihren mächtigen, vergletscherten Kämmen ragen die höchsten Gipfel der Schweiz empor (Monte Rosa, 4634 m; Dom, 4545 m; Matterhorn, 4478 m; Dent Blanche, 4357 m). Das tief eingeschnittene Val Antigório trennt die Walliser von den Tessiner Alpen (Basódino, 3273 m), denen sich im Osten die Adulagruppe (Rheinwaldhorn, 3402 m) anschließt. In den Rätischen Alpen schließlich gewinnt die Südkette an Breite; sie erreicht hier im Berninamassiv nochmals an die 4000 Höhenmeter. In ihren hohen Regionen (über 2500 Meter) tragen die Alpen zahlreiche Gletscher, von denen die meisten jedoch in den letzten hundert Jahren arg geschrumpft sind. Typisch sind mächtige Talgletscher, vor allem in den Berner und Walliser Alpen. Besonders eindrucksvoll ist der Große

Aletschgletscher, dessen Ausmaße (Länge 25 km, Fläche knapp 86 km²) in Mitteleuropa unübertroffen sind.

Das Schweizer Mittelland, das sanft gegen die Alpen ansteigt, wird im Nordwesten vom Jura begrenzt. Seine Höhenzüge ziehen sich in einem weiten Bogen von der Rhone nach Nordosten hin. Das rund 200 km lange Massiv erstreckt sich, allmählich an Höhe verlierend, bis zum Rhein.

Flüsse und Seen

Zur Struktur der Landschaft tragen auch die vielen Wasserläufe bei. Mit Ausnahme des Inn, dessen Quellgebiet das Oberengadin ist, entspringen alle wichtigen Flüsse im Gotthardmassiv. Eine geografische Kuriosität bildet die doppelte Wasserscheide am Alpenpass Lunghin (2645 m) im Engadin; hier fließt das Wasser von einem Punkt aus in die Nordsee, ins Schwarze Meer und ins Mittelmeer. Die Wasser der Aare, der Reuss und des Rheins vereinigen sich bei Brugg bzw. Waldshut und fließen in die Nordsee. Westlich von Marseille mündet die Rhone (Le Rhône), in ihrem Oberlauf auch Rotten genannt, in den Golfe du Lion. Der Ticino ist ein Nebenfluss des Po, der schließlich südlich von Venedig in die Adria mündet.

Besonders reizvoll sind natürlich die vielen kleinen und größeren Seen des Landes. Mit einer Fläche von 581 km² (Anteil der Schweiz 370 km²) ist der Lac Léman (Genfer See) der größte unter den rund 600 Binnengewässern des Landes. Noch bekannter ist vielleicht der aus sieben Becken zusammengesetzte Vierwaldstätter See (114 km²). Brienzer und Thuner See (29 bzw. 48 km²) sind nur durch das Schwemmdelta der Lütschine getrennt. Im Nordosten hat die Schweiz Anteil am 537 km² großen Bodensee, im Süden am Lago Maggiore (Langen-

see, 212 km²) und am Lago di Lugano (Luganer See, 48,7 km²). Als bedeutendste Seen des Mittellandes sind der Lac de Neuchâtel (Neuenburger See, 216 km²), der Zürichsee (89 km²), der Bieler See (39 km²) und der Zuger See (38 km²) zu nennen.

Klima und Reisezeit

Entscheidenden Einfluss auf das Klima des Landes üben die Alpen in ihrer Funktion als europäische Wetterscheide aus. Während die Gebiete nördlich des Hauptkamms, also auch der Jura

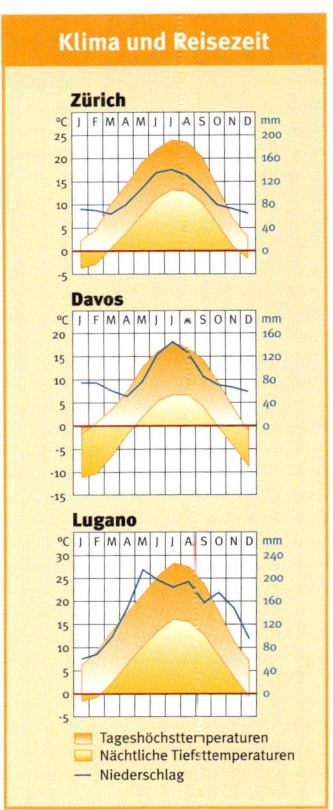

Klima und Reisezeit

Zürich

Davos

Lugano

■ Tageshöchsttemperaturen
■ Nächtliche Tiefsttemperaturen
— Niederschlag

und das Mittelland, ein weitgehend vom Atlantik bestimmtes Klima aufweisen, hat die Südseite Anteil am wesentlich milderen und sonnigeren Mittelmeerklima. Die Witterungsverhältnisse im Alpenraum sind recht unterschiedlich: In den Randzonen treten oft Staulagen mit heftigen Niederschlägen auf, die großen inneralpinen Täler wie das Wallis und das Engadin zeichnen sich dagegen durch relative Trockenheit und viel Sonnenschein aus.

Eine bekannte Erscheinung im Wettergeschehen ist der Föhn, ein trockener, stürmischer Fallwind, der als Folge des Druckausgleichs zwischen Zonen hohen und niedrigen Luftdrucks besonders am Alpenrand auftritt. Unter seinem Einfluss steigt die Temperatur sprungartig an, was im Frühling und Frühsommer in den Alpen große Schneemengen zum Schmelzen bringt.

Die Schweiz ist ein Reiseland für jede Jahreszeit. Wer sich vor allem für

Geschichte und alte Gemäuer interessiert, startet am besten vor oder nach der sommerlichen Hauptsaison – das schont auch den Geldbeutel. Besonders reizvoll ist eine Fahrt an den Genfer See, ins Wallis oder ins Tessin während der Blütezeit im Frühling. Günstigste Zeit für Wanderer und Bergsteiger sind die Monate Juli bis September. Wintersportfans treffen von Dezember bis April auf gute Schneeverhältnisse.

Flora und Fauna

Hierbei fallen einem natürlich gleich die an Arten reichen, herrlichen Alpenblumen ein, die dem Wanderer und Bergsteiger überall bis hinauf in die Regionen des ewigen Schnees begegnen. Dass dies auch so bleibt, dazu kann jeder etwas beitragen: anschauen, sich freuen, aber bitte nicht pflücken! Viele Pflanzen stehen zudem unter strengem Schutz, so z. B. das Edelweiß, die verschiedenen Enzianarten, das Kohlröschen, die Feuerlilie, die Alpen-Akelei und das Alpen-Mannstreu.

Nicht wesentlich von der Tierwelt in anderen mitteleuropäischen Ländern unterscheidet sich die Fauna der Schweiz. In den Alpen sind Gemsen und Murmeltiere stark verbreitet, auch die Zahl der Steinböcke hat in letzter Zeit erheblich zugenommen. Sehr selten zu sehen ist der Steinadler; durch gezielte Maßnahmen konnte dagegen der Luchs wieder heimisch gemacht werden.

Bevölkerung und Sprachen

Die Schweiz hat gut sieben Millionen Einwohner, was einer Bevölkerungsdichte von etwa 170 Einwohnern pro

---

Steckbrief

- **Fläche:** 41 293 km²
- **Hauptstadt:** Bern
- **Kantone:** 23
- **Bevölkerung:** 7,2 Mio.
- **Höchster Punkt:** Dufourspitze (Monte Rosa), 4634 m
- **Bevölkerungsreichster Kanton:** Zürich, 1,2 Mio. Einwohner
- **Größter Kanton:** Graubünden, 7107 km²
- **Kleinster Kanton:** Basel-Stadt, 37 km²
- **Größte Stadt:** Zürich, 360 000 Einwohner
- **Handelsbilanz:** Export 126 Mrd. CHF, Import 128 Mrd. CHF (2000)

Die Zahl der Steinböcke hat sich wieder erhöht

In Mund im Wallis gedeiht der Echte Safrankrokus – die einzige Kultur nördlich der Alpen

Quadratkilometer entspricht. Dieser Mittelwert verrät aber nichts über die sehr unterschiedliche Verteilung der Bewohner. So leben in den vier Bergkantonen Uri, Graubünden, Tessin und Wallis, die zusammen immerhin etwa 40 % der Landesfläche ausmachen, lediglich knapp 10 % der Schweizer. Demgegenüber weisen die weniger gebirgigen Landesteile Bevölkerungsdichten zwischen 213 (Thurgau) und 543 Einw./km² (Basel-Land) auf. Der Ausländeranteil beträgt ca. 20 %.

Bereits über Jahrhunderte hinweg ist der Schweiz gelungen, vier Sprachregionen mit ihren kulturellen Eigenheiten ohne schwerwiegende Konflikte unter einen Hut zu bringen. 65 % der Schweizer sprechen Deutsch, 19 % Französisch, acht Prozent Italienisch und knapp ein Prozent Rätoromanisch.

In der Ost-, Nord- und Zentralschweiz wird das so genannte Schwyzerdütsch gesprochen, das aus dem Alemannischen entstanden ist und innerhalb der verschiedenen Landesgegenden stark variiert. Französisch ist in der West- und Südwestschweiz Um-

gangssprache, während im Kanton Tessin das Italienische vorherrscht. Rätoromanisch, ein vom Italienischen nicht beeinflusstes Volkslatein, wird nur noch in einigen Tälern Graubündens gesprochen und gilt seit 1938 offiziell als vierte Landessprache (s. S. 88).

Die Kantone und die Landesregierung haben den Auftrag, die Landessprachen zu pflegen wie auch die Verständigung untereinander zu fördern. So sitzen im Bundesrat Vertreter aller Sprachgruppen, im Parlament wird Deutsch und Französisch gesprochen.

Wertvoller Blütenstaub

Eine recht seltene »Alpenpflanze« wird im Oberwalliser Bergdorf Mund (1504 m) angebaut: **Safran**. Aus den getrockneten Blütennarben dieser Krokusart wird das exotische Gewürz, das die Speisen auch gelb färbt, gewonnen. Die Jahresernte in Mund: etwa 3 kg, Wert 40 000 CHF.

15

etwa zu Fronleichnam (z. B. in Mendrisio, Lötschental, Fribourg), zum Ausdruck kommt (s. auch Festekalender, S. 21).

Wirtschaft

Wenn die Eidgenossenschaft gemessen am Bruttosozialprodukt heute eines der reichsten Länder der Erde ist, so verdankt sie dies bestimmt nicht nur – wie böse Zungen gelegentlich behaupten – den Fluchtgeldern aus fünf Kontinenten. Stabile politische Verhältnisse und eine harte Währung tragen sicher einiges zur Attraktivität des Finanzplatzes Schweiz bei. Zutreffend ist auch, dass gerade der Dienstleistungssektor (Banken, Versicherungen, Tourismus) zu einer Hauptsäule – und einem wichtigen Devisenbringer – der Wirtschaft geworden ist. Doch wen mag das erstaunen in einem

Brauchtum

Trotz Hochindustrialisierung und Computerzeitalter wird in der Schweiz altes Brauchtum liebevoll gepflegt – und das keineswegs nur der Fremden wegen. Man braucht dabei nicht gleich an die folkloristischen Höhepunkte wie die Basler Fasnacht oder das Zürcher Sechseläuten zu denken; im umfangreichen Brauchtumskalender haben die vielen Trachten-, Sänger- und Schützenveranstaltungen ebenso ihren Platz wie die sommerlichen Schwingwettbewerbe, bei denen sich die Männer in einer Art Ringkampf üben, oder die Alpfeste mit lustigem Kirchweihbetrieb samt Alphornblasen und Fahnenschwingen (z. B. die »Lüdern-Chilbi« im Emmental). Auch die Alpfahrt – wenn im Frühsommer das Vieh auf die hoch gelegenen Weiden getrieben wird – ist mancherorts Anlass zu einem kleinen Fest; eine Besonderheit bilden dabei die Kuhkämpfe im Unterwallis (s. S. 99). Stark traditionell geprägt ist die Bevölkerung vor allem in den katholischen Landesgegenden, was besonders in den stimmungsvollen Prozessionen,

MMM – die Migros

Drei Buchstaben – eine Idee. Und die geht auf einen Mann zurück, der nicht nur geschäftstüchtig war, sondern auch ein soziales Gewissen besaß: Gottlieb Duttweiler (1888–1962). Sein Ziel war eine preisgünstige Versorgung der Bevölkerung mit qualitativ hochwertigen Lebensmitteln. 1925 gründete er die Migros und mit fünf Ford-T-Lastwagen, die zu rollenden Verkaufsläden umgebaut waren, begann eine fast amerikanische Erfolgsstory. Obwohl von der Konkurrenz zunächst schwer angefeindet, wuchs das Unternehmen kräftig. Duttweiler kaufte Fabriken und baute Herstellungsbetriebe auf – diese hauseigenen Produkte sind

Land, das kaum abbauwürdige Rohstofflager besitzt und durch seine Binnenlage zusätzlich benachteiligt ist?

Dass die Schweiz trotzdem zu den am höchsten industrialisierten Ländern zählt, das hat schon etwas mit dem Fleiß und der Findigkeit der Eidgenossen zu tun, deren durchschnittliche Wochenarbeitszeit immer noch 40 Stunden beträgt. Die Verarbeitung von importierten Rohstoffen zu hochwertigen Fertigprodukten bringt allerdings starke Exportabhängigkeit mit sich. Nicht umsonst ist die Schweiz als Mitglied der Europäischen Freihandelszone (EFTA) und des Allgemeinen Zoll- und Handelsabkommen (GATT) für freien Handel und erklärte Gegnerin aller protektionistischen Handelsschranken.

Wichtigste Industriezweige sind die chemisch-pharmazeutische Industrie (Basel), der Maschinenbau (Zürich, Winterthur, Baden), die Uhren- und Schmuckindustrie (Jura, Genf) und die Textilindustrie (Ostschweiz, Zürich). Bedeutendstes Produkt der Landwirtschaft, die teilweise ebenfalls für den Export produziert, ist die Milch: Schweizer Käse und Schokolade genießen Weltruf.

Staatswesen

Die Schweiz – amtlich Schweizerische Eidgenossenschaft – gliedert sich in 23 Kantone, von der en 3 in Halbkantone unterteilt sind: Zürich, Bern, Luzern, Uri, Schwyz, Unterwalden (Obwalden, Nidwalden), Glarus, Zug, Fribourg (Freiburg), Solothurn, Basel (Basel-Stadt, Basel-Land), Schaffhausen, Appenzell (Inner-Rhoden, Außer-Rhoden), St. Gallen, Graubünden, Aargau, Thurgau, Tessin (Ticino), Waadt (Vaud), Wallis (Valais), Neuchâtel (Neuenburg), Genf (Genève) und Jura.

bis heute ein fester Bestandteil des mittlerweile riesigen Migros-Sortiments. Doch das Anliegen des engagierten Firmengründers war nie ein bloß kommerzielles: So gründete er 1936 eine politische Partei, den liberalen »Landesring der Unabhängigen«, deren Vertreter in zahlreichen Parlamenten saßen, auch in Bern. 1941 wandelte Duttweiler seine Firma in eine Genossenschaft um (heute rund 1,5 Millionen Mitglieder).

Weitere Stationen der bemerkenswerten Migros-Geschichte waren 1941 die Erstausgabe der Wochenzeitung »Wir Brückenbauer« und 1944 die Entstehung der Migros-Klubschule. 1948 eröffnete die Kette den ersten Selbstbedienungsladen der Schweiz. 1954 dann kam es zur Gründung der Benzin- und Heizölgesellschaft »Migrol«. 1957 öffnete die »Migros Bank« ihre Pforten, 1959 kam auch noch eine Versicherung hinzu. 1970 schließlich entstand der erste MMM-Supermarkt auf der grünen Wiese (»Pizol Park« bei Sargans). Ein weiterer wichtiger Schritt wurde 1992 unternommen, als der Startschuss für die Aktivitäten im benachbarten Ausland fiel.

Erwähnung verdient auch die Tatsache, dass jährlich mindestens ein Prozent des Gesamtumsatzes für kulturelle und soziale Zwecke verwendet werden.

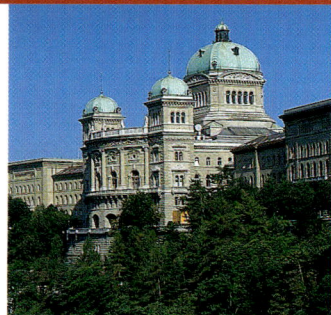

Im Bundeshaus in Bern werden die Gesetze des Landes gemacht

Unter freiem Himmel

Wenn die schweizerische Demokratie im Ausland immer wieder als einmalig gerühmt wird, so hat dies seinen Grund auch in einer uralten Einrichtung: der **Landsgemeinde.** Noch heute treffen sich in den Kantonen Appenzell (Inner-Rhoden), Glarus und Unterwalden (Obwalden) die stimmberechtigten Bürger und inzwischen auch die Bürgerinnen auf dem Dorfplatz, um ihre Vertreter zu wählen und über Sachfragen abzustimmen.

Was an diesem Beispiel aus der politischen Praxis so augenfällig wird, macht den Unterschied zwischen der schweizerischen und anderen Demokratien deutlich: die direkten Einflussmöglichkeiten des Bürgers auf Gemeinde-, Kantons- und Bundesebene (Abstimmungen, Initiativen). Das hat mitunter einen etwas bedächtigeren Gang der Dinge zur Folge, hält die Politiker aber wirkungsvoll von gefährlichen Höhenflügen ab.

Nach der neuen Bundesverfassung von 1999 ist die Alpenrepublik ein Bundesstaat mit stark föderalistischen Zügen. In den Kompetenzbereich des Bundes fallen nur die ausdrücklich in der Verfassung verankerten Aufgaben wie Außenpolitik, Militärwesen, Zölle, Post oder Sozialversicherung. Die Kantone, die jeweils eine eigene Verfassung besitzen, sind unter anderem zuständig für das Schul- und Kirchenwesen, die Polizeiorganisation sowie das Gesundheitswesen; daneben haben sie auch die Steuerhoheit!

Die gesetzgebende Gewalt liegt in den Händen der vereinigten Bundesversammlung, die sich aus zwei Kammern zusammensetzt. Gewählt wird sie von allen Schweizer Bürgern über 18 Jahre. Die 200 Sitze im Nationalrat werden im Verhältnis der Einwohnerzahl unter den Kantonen verteilt; in den Ständerat hingegen entsendet jeder Kanton zwei Abgeordnete. Für eine Beschlussfassung ist die Zustimmung beider Kammern erforderlich. Die Exekutive der Eidgenossenschaft ist der Bundesrat, der wie auch die Bundesversammlung seinen Sitz in Bern hat. Er besteht aus sieben Mitgliedern und wird von der Bundesversammlung für jeweils vier Jahre gewählt. Vorsitzender ist der Bundespräsident, den die Bundesräte aus ihrer Mitte für ein Jahr wählen.

In der Verfassung ist auch der Fall vorgesehen, dass die Bürger aktiv in die Gesetzgebung eingreifen. So muss über alle Verfassungsänderungen in einem obligatorischen Referendum abgestimmt werden. Darüber hinaus können acht Kantone oder 50 000 Stimmberechtigte eine Volksabstimmung über einen Bundesentscheid verlangen (fakultatives Referendum) oder sogar mit einer Initiative einen eigenen Gesetzesentwurf einbringen (s. links).

Geschichte im Überblick

Ab 4000 v. Chr. An den Seen des Mittellandes entstehen Pfahlbausiedlungen. Ab 400 v. Chr. wandern Rätier in die südöstlichen Landesteile ein; zwischen Bodensee und Genfer See siedeln die keltischen Helvetier.

15 v. Chr. Die Römer erobern den Alpenraum.

5.–11. Jh. Nach dem Abzug der Römer beherrschen Burgunder im Westen und Alemannen bzw. Schwaben im Osten das Terrain.

1033 wird die Westschweiz wie bereits der schwäbische Bereich Teil des Heiligen Römischen Reiches Deutscher Nation.

1291 Im Kampf um die Erhaltung der erworbenen Rechte und gegen die Hausmachtpolitik der Habsburger schließen die drei »Waldstätte« Uri, Schwyz und Unterwalden am 1. August den »Ewigen Bund« und gründen die Eidgenossenschaft.

1315 Sieg der Waldstätte am Morgarten über das habsburgische Heer.

1322 Luzern schließt sich als erste Stadt dem Bund an.

1351–1353 Beitritt von Zürich, Glarus, Zug und Bern zum Bund.

1367–1471 In Rätien schließt sich das Volk zu drei Bünden zusammen, um sich gegen den Adel zu wehren.

1481 Fribourg und Solothurn werden in den Bund aufgenommen.

1501–1513 Mit Basel, Schaffhausen und Appenzell vergrößert sich die Eidgenossenschaft auf 13 Orte.

1515 Nach einem gescheiterten Feldzug gegen die Franzosen proklamieren die Eidgenossen absolute Neutralität.

1523–1528 Von Zürich aus breitet sich die Reformation aus. Schaffhausen, Basel, Bern, St. Gallen und Graubünden treten dem neuen Glauben bei, katholisch bleiben die vier Waldstätte sowie Zug, Fribourg und Solothurn.

1536 Bern erobert die Waadt. Calvin verbreitet in Genf seine Reformen.

1618–1648 Während des Dreißigjährigen Krieges bleibt die Schweiz neutral. Im Westfälischen Frieden wird ihre staatliche Souveränität anerkannt.

1798 Die Eroberung der Schweiz durch Napoleon setzt der alten Eidgenossenschaft ein Ende. Sie wird in einen Einheitsstaat nach französischem Vorbild umgewandelt.

1803 Die Kantone – inzwischen sind es 19 – erhalten ihre Souveränität teilweise wieder zurück; das Wallis wird – wie Genf und Neuchâtel – 1810 Frankreich zugeschlagen.

1815 Nach dem Sturz Napoleons wächst die Eidgenossenschaft mit der Eingliederung von Genf, Neuchâtel und dem Wallis auf 22 Kantone an.

1848 Eine neue Verfassung macht die Schweiz zum Bundesstaat.

1914–1918/1939–1945 In den Weltkriegen bleibt das Land neutral.

1971 Einführung des Frauenstimm- und -wahlrechts auf Bundesebene.

1978 Gründung des Kantons Jura.

1986 In einer Volksabstimmung wird ein UNO-Beitritt abgelehnt.

1999 Die Schweiz erhält eine neue Verfassung.

2002 Landesausstellung in Biel, Neuchâtel und Murten. Nach knapp positivem Volksentscheid tritt die Schweiz der UNO bei.

Kultur gestern und heute

Architektur

Besonders augenfällig sind nachbarliche Einflüsse in der Baukunst des Mittelalters, jener Zeit also, in der sich die Eidgenossenschaft erst allmählich formierte. Von großer Bedeutung – auch für die Sakralarchitektur – war in der Westschweiz der Reformorden von Cluny, wie u. a. die Klosterkirchen von Payerne und Romainmôtier belegen. In der deutschen Schweiz sind Einflüsse aus dem süddeutschen Raum unverkennbar, z. B. in Bern, wo der Münsterbau 1421 unter Leitung des Ulmers Matthäus Ensinger begonnen wurde. Das Tessin gehörte seit je zum lombardischen Kulturkreis; italienisch geprägte Bauwerke entstanden aber auch nördlich der Alpen (Ritterscher Palast in Luzern, Münster in Zürich).

Bauernhäuser

Nicht wegzudenken aus der Schweizer Kulturlandschaft ist natürlich das Bauernhaus, das sich – den äußeren Bedingungen angepasst – in den einzelnen Landesteilen sehr unterschiedlich entwickelt hat. Vor allem im Emmental trifft man das stattliche Berner Haus mit seinem mächtigen, vorragenden Walmdach und den meist geraniengeschmückten Balkonen; auch dem härtesten Winter widersteht das Engadiner Haus, dessen dicke, oft bemalte Mauern nur kleine, tief sitzende Fenster aufweisen.

Die Kirchenarchitektur schwang sich in der Barockzeit zu einem Höhepunkt empor, Klöster erstanden in neuer Pracht: Einsiedeln, St. Gallen, Muri, St. Urban.

Richtungweisend für das 20. Jh. sind u. a. die Architekten Le Corbusier (1887–1965) und Mario Botta (geb. 1943).

Malerei und Bildhauerei

Zur Zeit des Rokoko gewann die Malerei in der Schweiz ungeheueres Ansehen. Im 18. Jh. gehörte es in der besseren Gesellschaft zum guten Ton, sich porträtieren zu lassen. Zentrum des gesellschaftlichen Lebens war Genf, im 19. Jh. verlagerte sich die Malerszene nach Basel.

Symbolismus und Naturalismus

Im Mittelpunkt stand der Symbolist Arnold Böcklin (1827–1908), dessen mythologische Szenen und Darstellungen von Sagengestalten wie Nixen und Nereiden am ausführlichsten im Kunstmuseum Basel zu bewundern sind.

Parallel zur Kunstströmung des Symbolismus gab es die Vertreter des Naturalismus, allen voran Albert Anker (1831–1919) und Cuno Amiet (1868–1961). Diese Künstler malten mit Vorliebe Familienidylle und Kinderszenen. Nüchtern und schnörkellos sind die Porträts und Landschaftsansichten von Felix Vallotton (1865 bis 1925), einem Vorläufer der Neuen Sachlichkeit.

Als Begründer des modernen Malerei in der Schweiz gilt der Symbolist Ferdinand Hodler (1853–1918). Charakteristische Themen für Hodler sind Hochgebirgslandschaften, geschichtliche Themen oder auch Holzfällermotive in kantiger Malweise.

Expressionismus

Als »Schweizer Clown« wird Paul Klee (1879–1940) oft bezeichnet, weil er seinen meist kleinformatigen Bildern und Zeichnungen gerne satirische Titel gab. Den besten Überblick über sämtliche Schaffensperioden dieses Expressionisten bietet das Berner Kunstmuseum (s. S. 37).

Zweite Hälfte des 20. Jahrhunderts

Bedeutend für die Kunst ab 1950 sind die abstrakten Gemälde und Bildhauerarbeiten von Max Bill (1908–1994). Bekannter jedoch wurden die Brüder Alberto und Pietro Giacometti, Söhne des Malers Giovanni Giacometti. Typisch für Alberto Giacometti (1901 bis 1966) sind die bis ins Groteske lang

Feste & Veranstaltungen

■ **Januar: Greiflet** in Schwyz (6. 1.): Volksbrauch zur Fasnachtseröffnung. **Schlitteda** in verschiedenen Orten des Engadins (u. a. in St. Moritz): Pferde-Schlittenfahrt.

■ **Februar: Fasnachtsveranstaltungen**, z. B. der »Rabadan« in Bellinzona, der »Fritschi-Umzug« in Luzern oder die »Tschäggätta«-Fasnacht im Lötschental.

■ **März: Chalandamarz** im Engadin (1. 3.): Mit großen Kuhglocken vertreiben die Dorfjungen die bösen Geister. **Basler Fasnacht** mit dem »Morgestraich«, dem Umzug der »Cliquen« (erster Montag nach Aschermittwoch bis zum folgenden Donnerstag).

■ **April: Sechseläuten** in Zürich (dritter Montag): Mit der Verbrennung einer Strohpuppe (»Böögg«) als Symbol des Winters soll der Frühling eingeläutet werden, großer Umzug der Zünfte.

■ **Mai: Auffahrts-Umritt** in Beromünster (Christi Himmelfahrt): Durch Umschreiten des Besitzes sucht man böse Geister zu bannen.

■ **Juni: Fronleichnams- und Segenssonntagsprozession** im Lötschental.

■ **Juli: Schwing- und Älplerfeste,** u. a. am Rigi. Schäferfest (letzter Sonntag) auf der Gemmi (Kander-

steg). **Engadiner Konzertwochen** (bis Mitte August). **Paléo:** Rock- und Folkfestival in Nyon (Open air).

■ **August: Bundesfeiern,** z. T. mit Feuerwerk und Höhenfeuern (1. 8.). **Fêtes de Genève:** Stadtfest mit Feuerwerk. **Lüdern Chilbi** (zweiter Sonntag): Alpfest im Emmental.

■ **September: Chästeilet** in Hasliberg, Sigriswil und Schwanden: Dabei wird der Käseertrag des Sommers symbolisch unter den Bauern geteilt. Volksfest. **Knabenschießen** in Zürich (zweites Wochenende): Wettschießen der Jugend. **Winzerfeste,** u. a. in Neuchâtel und am Thuner See.

■ **Oktober: Bénichon de la montagne** in Charmey (Fribourg, zweites Wochenende): Folklorefest mit Heuwagenrennen.

■ **November: Basler Herbstmesse:** Ältester und größter Jahrmarkt der Schweiz. **Zibelemärit** in Bern (vierter Montag): Zwiebelmarkt und Volksfest.

■ **Dezember: Nikolaus-Umzüge,** u. a. in Beckenried, Fribourg, Bulle. **Chlausjagen** in Küssnacht am Rigi: Lärmender Umzug, dem die »Iffelträger« mit ihren riesigen Bischofsmützen sein besonderes Gepräge verleihen (6. 12.).

gezogenen, zur Stabform reduzierten Menschenfiguren, die Arbeit seines Bruders repräsentiert neuzeitliches Kunstdesign wie Möbelobjekte.

Aus der Szene der Schweizer Gegenwartskunst sind die kinetischen Kunstwerke des Zeichners und Bildhauers Jean Tinguely (1925–1991) nicht wegzudenken. Der Basler, in dessen Heimatstadt viele seiner monumentalen Bewegungsplastiken stehen, karikiert mit den motorbetriebenen Eisenkonstruktionen die Abhängigkeit des modernen Menschen von der Technik. Ebenfalls mit dem Werkstoff Eisen arbeitet Bernhard Luginbühl (geb. 1929), der kubistische Großplastiken schafft.

Tipp Den besten Überblick über die zeitgenössische Schweizer und internationale Kunstszene bietet die **Kunstmesse ART** in Basel (Mitte Juni).

Literatur

Zu den bedeutendsten Dramatikern der Nachkriegszeit zählt Friedrich Dürrenmatt (1921–1990), dessen Theaterstücke zum festen Bühnenrepertoire gehören. Max Frisch (1911–1991) wurde mit »Homo Faber«, »Andorra« und »Stiller« berühmt. Bedeutend unter den Altmeistern der modernen Literatur sind auch der Basler Ulrich Becher, der u. a. den autobiographischen Roman »Murmeljagd« schrieb, ebenso wie Adolf Muschg (geb. 1934). Peter Bichsel (geb. 1935) wurde mit den Vorstadtminiaturen »Eigentlich möchte Frau Blum den Milchmann kennenlernen« oder dem Roman »Die Jahreszeiten« bekannt. Unter den Schriftstellerinnen sind Erika Burkart (geb. 1922) und Gertrud Leutenegger (geb. 1948) zu erwähnen.

Aus Küche und Keller

Jedes Reiseland hat seine Sehenswürdigkeiten, die im Reiseführer ihre Sternchen bekommen; Auszeichnungen gibt es aber auch für gastronomische Leistungen, und da schneidet die Schweiz ebenfalls recht gut ab. Ihre Köche gelangten in internationalen Gourmetkreisen zu höchsten Ehren, aber auch zu Hause weiß man lukullische Freuden zu schätzen. Von den Zürchern etwa wird behauptet, ihre liebste Freizeitbeschäftigung sei das Essengehen, und wenn man die guten bis vorzüglichen Restaurants in der Limmatstadt zählt, ist man durchaus geneigt, dem Glauben zu schenken …

Alles Käse

Ein typisches Landesgericht ist das **Fondue,** das am besten schmeckt, wenn es draußen recht kalt ist, regnet oder schneit. Dann sitzt man gemütlich um den heißen Steinguttiegel, das *caquelon*, und tunkt mit langen Gabeln Brotbröckchen in den geschmolzenen Käse. Dazu wird ein Glas Weißwein oder auch Tee gereicht. Ein anderes Käsegericht, das sich ebenfalls zunehmender Beliebtheit erfreut, ist die aus dem Wallis stammende **Raclette.** Hier werden – der Name verrät es schon – von einem erhitzten Käsestück beim Zerlaufen kleine Portionen heruntergeschabt (*raclette* = Schaber) und zusammen mit Pellkartoffeln gegessen.

Man braucht den Käse natürlich nicht erst zu schmelzen, um ihn schmackhaft zu finden! Emmentaler – in Deutschland oft einfach »Schweizer

Käse« genannt – und Appenzeller sind wohl jedem ein Begriff, bekannt ist auch der Gruyère (Greyerzer). Am Vacherin, den man nur im Winter bekommt, scheiden sich die Geister bzw. Geschmäcker, ebenso am Schabziger, einem Kräuterkäse aus dem Glarnerland. Tessiner Spezialitäten sind die Formaggini, aus Ziegenmilch hergestellte kleine Frischkäse, sowie verschiedene Bergkäse, unter ihnen der Piora als bekanntester.

Von Rösti bis Polenta – typische Gerichte

Eine weithin geschätzte Spezialität ist das Zürcher Geschnetzelte, Kalbfleisch in feiner Sahnesoße. Etwas für beherzte Esser ist hingegen die Berner Platte, ein Schlachtteller mit Sauerkraut oder Bohnen und Salzkartoffeln. Ebenfalls aus dem Berner Gebiet kommt die berühmte **Rösti** aus fein geriebenen Kartoffeln, manchmal mit Speckwürfeln garniert. Nicht vergessen werden sollen die vorzüglichen Suppen, etwa die Basler Mehlsuppe,

Im Emmental (Affoltern) kann man beim Käsen zuschauer.

die gehaltvolle Bündner Gerstensuppe oder die Busecca, eine Kuttelsuppe aus dem Tessin. Nationalgericht in der Sonnenstube der Schweiz ist die **Polenta,** ein Maismehlbrei, den man auch mit einem Schuss frischer Sahne oder mit Gorgonzolastückchen zubereiten kann. Sehr beliebt jenseits des Gotthard ist zudem der **Risotto** (Reisgericht), den man nach Mailänder Art (mit Safran), mit Pilzen oder nach Bauernart (mit Gemüse) isst.

Fisch findet sich ebenso auf der Speisekarte: Felchen, Rötel (Saibling), Forelle, Hecht und Egli (Süßwasserbarsch) auf verschiedenste Arten zubereitet. Im Spätherbst und Winter bieten viele Restaurants vorzügliche Wildspezialitäten an, z. B. garnierten Rehrücken. Und noch eine Spezialität, die man auch jenseits der Landesgrenzen zu schätzen weiß: das **Bündnerfleisch,** luftgetrocknetes Rindfleisch, das hauchdünn geschnitten wird.

Einen Hinweis verdienen auch noch die zahllosen Leckereien, die man zum Dessert, einfach zwischendurch oder auch zum »Z'Vieri«, zum Nachmittags-

Exportschlager

In der Schweiz von einer »nationalen« Küche zu sprechen, wäre in doppelter Hinsicht falsch: Einerseits sind starke Anleihen aus der Nachbarschaft, etwa der »cuisine française«, aus dem Italienischen oder dem Schwäbischen unverkennbar; andererseits gibt es eine Fülle regionaler Spezialitäten, von denen einige – allen voran die Fondue und die Raclette – über die Landesgrenzen hinaus Verbreitung gefunden haben.

Schweizer Weine – eine Entdeckung

kaffee, isst: Früchtekuchen, Zuger Kirschtorte, Rüeblitorte und Engadiner Nusstorte.

Schweizer Weine

Das Alpenland produziert vorzügliche Weine – auch wenn die Anbaufläche seit 1900 stark zurückgegangen ist. Die Hauptanbaugebiete liegen am Neuenburger See und Genfer See sowie im Rhonetal. Bekannte Weiße sind Dézaley und St-Saphorin (Genfer See), Fendant und Johannisberg (Wallis) sowie Twanner (Bieler See), ein süffiger Rosé der Œil-de-Perdrix; der gehaltvolle Dôle, der Pinot Noir (Wallis) und der Merlot (Tessin) sind geschätzte Rotweine.

Aus der Nord- und Ostschweiz kommen ebenfalls gute Rotweine – überwiegend Blauburgunder –, die in der Regel etwas leichter sind: Hallauer (Schaffhausen), Stäfener (Zürichsee) sowie Maienfelder und Jeninser, Letztere aus Graubünden.

Doch der beste Bündner *vino* gedeiht im italienischen Veltlin, das bis 1815 zum Schweizer Kanton Graubünden gehörte. Sassella, Grumello und Inferno heißen die kräftigen, rubinroten Weine, denen die südliche Sonne zu ihrem vollen Bouquet verhilft.

Urlaub aktiv

Bergsteigen und Wandern

Bei rund 50 000 km markierter Wanderwege ist für jeden etwas dabei. Wer nicht über ausreichende alpinistische Erfahrung verfügt, vertraue sich einem Führer an (es gibt über 1200 davon); die 50 Bergsteigerschulen des Landes veranstalten regelmäßig Kurse, auch für Anfänger (Auskünfte über die örtlichen Verkehrsvereine).

Fahrrad fahren

Radeln und Mountainbiking sind in den letzten Jahren sehr beliebt geworden, besonders in der »alpinen« Form, ebenso wie mehrtägige Touren. »Velos« kann man an allen größeren Bahnhöfen der SBB mieten (www.rent-a-bike.ch). In den Ferienregionen gibt es Mountainbikeverleihe.

> **Verkehrsclub der Schweiz,** Lagerstr. 18, 3360 Herzogenbuchsee, Tel. 062/956 56 56, Fax 956 56 57. Hier erhalten Sie spezielle Fahrradkarten.

Fliegen

An über 20 Flugplätzen kann man Alpenrundflüge buchen. Etwas teurer, aber zunehmend populärer sind Ballonfahrten.

Der Traum von einem Flug mit dem Gleitschirm oder Drachen lässt sich in der Schweiz ebenfalls verwirklichen. Es gibt zahlreiche Flugschulen und noch mehr Startplätze. Angeboten werden auch Tandemflüge mit »Pilot«. (Informationen bei Schweiz Tourismus, s. S. 100.)

Die Schweiz ist ein Dorado für Mountainbiker

Immer beliebter: Schlauchbootfahren auf Schweizer Flüssen

Golf

Einlochen kann man in der Schweiz auf über 50 Plätzen. Über Lage und Ausstattung informiert ein Golfplatzführer, zu beziehen über Schweiz Tourismus (s. S. 100).

Planwagentrecks

Die ganz andere Art zu reisen: ein gemütlicher Treck durchs Emmental oder über die Höhen des Jura.

ℹ️ **Eurotrek,** Vulkanstraße 116, 8048 Zürich, Tel. 01/434 33 66, Fax 434 33 44, www.eurotrek.ch, E-Mail: eurotrek@rbm.ch.

Riverrafting/Hydrospeed

Ein nasses Vergnügen, das zunehmend Freunde findet: Bootsfahrten auf den wilden Wassern der Alpenflüsse (Saane, Simme, Vorderrhein, Inn, Lütschine u. a.). Lediglich mit einem Plastikuntersatz in Schlittenform treibt man beim Hydrospeed durch feuchte Schluchten.

Weniger Nervenkitzel, aber trotzdem viel Spaß bieten Wasserwanderungen im Kanu, z. B. auf der Thur, auf dem Rhein, auf Aare, Reuss und Ticino (zu buchen bei Eurotrek, s. links).

Schifffahrten

Auf den Schweizer Seen verkehren neben den regulären Kursschiffen im Sommer Sonderkurse (Rundfahrten). Eine besondere Attraktion sind die historischen Raddampfer auf dem Vierwaldstätter, dem Genfer, Brienzer und Thuner See bzw. dem Zürichsee. Schiffsverbindungen gibt es auch auf dem Rhein und auf der Aare.

Wassersport

Auf den größeren Seen der Schweiz kann man segeln, windsurfen, Wasserski fahren, rudern (120 Surfschulen, 60 Segel- und 35 Wasserskischulen).

Wintersport

Vielerorts gibt es geräumte Winterwanderwege, eigene Schlittenbahnen sowie Natur- und Kunsteisbahnen. Zu Pferd, mit dem Pferdeschlitten oder mit Schneeschuhen kann man die Winterlandschaft erkunden. Skifahren ist von Dezember bis April möglich, auf manchen Pisten auch nachts.

Unterkunft

Hotels

Das Niveau der Schweizer Hotellerie darf als hoch bezeichnet werden. Die dem Schweizer Hotelier-Verein (SHV) angeschlossenen Betriebe sind in fünf Kategorien eingeteilt und entsprechend mit einem bis fünf Sternen klassifiziert. Die Übernachtungspreise enthalten meist Frühstück, Bedienung und Taxen. Viele Häuser bieten günstige Pauschalarrangements an.

i Auf Anfrage versendet **Schweiz Tourismus** (s. S. 100) den »Schweizer Hotelführer« bzw. Unterkunftsverzeichnisse der einzelnen Regionen. Spezielle Prospekte weisen auf kinderfreundliche oder für Senioren geeignete Unterkünfte wie auch Bed & Breakfast-Unterküfte hin (www.bnb.ch). Einfache und gemütliche Hotels sind in der Broschüre »E&G Swiss Budget Hotels« aufgelistet, Tel. 024/495 11 11, Fax 495 75 14, www.rooms.ch. Einen Hotelführer für Behinderte gibt **Procapreisen** heraus, Frohburgstraße 4, 4601 Olten, Tel. 062/206 88 30, Fax 206 88 39, www.procap.ch, E-Mail: reisen@procap.ch, oder www.rollihotel.ch.

Jugendherbergen

Die Schweizer Jugendherbergen (SJH) verfügen über rund 60 Häuser. Sie stehen Gästen jeden Alters offen, auch ohne Mitgliedsausweis.

i **Schweizer Jugendherbergen,** Schaffhauserstr. 14, 8042 Zürich, Tel. 01/360 14 14, Fax 360 14 60, www.youthhostel.ch.

Hotel Schweizerhof, Maloja

Camping-Caravaning

Von den mehr als 500 Zeltplätzen können 90 auch im Winter genutzt werden. Die jährlich erscheinenden Verzeichnisse können bei den unten stehenden Verbänden bezogen werden.

i **Verband Schweizerischer Campings (VSC),** Seestr. 119, 3800 Interlaken, Tel. 033/823 35 23, Fax 822 29 91, E-Mail: info@swisscamp.ch.
■ **Schweizerischer Camping- und Caravaning-Verband (SCCV),** Habsburgerstr. 35, 6003 Luzern, Tel. 041/370 21 46, Fax 370 21 45.
■ **Camping NET,** www.camping.ch. Onlineführer mit rund 350 Plätzen.

Bauernhöfe/Apartments

Über das meist große und preisgünstige Angebot an Ferienwohnungen, auch auf Bauernhöfen, informieren die örtlichen Verkehrsbüros.

Umfangreich ist auch das Angebot der Schweizer Reisekasse (REKA), Tel. 031/329 66 33, www.reka.ch.

i Der **Katalog »Ferien auf dem Bauernhof«** ist unter Tel. 071/695 23 72, E-Mail: r.barth@tele-net.ch, erhältlich.

Reisewege und Verkehrsmittel

Ein Bahnhof im Hochgebirge: die Kleine Scheidegg

Mit dem Flugzeug

Die drei internationalen Flughäfen der Schweiz, Zürich-Kloten, Basel-Mulhouse-Freiburg und Genf-Cointrin, werden u.a. von Lufthansa, Swiss und Austrian Airlines angeflogen; Verbindungen nach Bern, Lugano und Sion bietet die Swiss an, die – neben kleineren Fluggesellschaften wie der Air Engiadina – auch für einen Teil der Inlandsflüge zuständig ist (www.swiss-airlines.com). »Fly Rail Baggage«, ein Service der Schweizerischen Bundesbahnen und der Swiss, ermöglicht den Gepäcktransport direkt bis zum Zielort; bei der Rückreise ist der Check-in bereits am Bahnhof möglich.

Mit der Eisenbahn

Euro-, Intercity- und ICE-Züge bieten gute Verbindungen zu allen größeren Städten der Schweiz. Von Hamburg bzw. Dortmund nach Zürich verkehren City-Night-Line-Züge mit Schlaf- und Liegewagen, Auskünfte bei der Deutschen Bahn (www.bahn.de).

Fahrkarten

Einfache Fahrkarten gelten einen Tag (bis zu einer Distanz von 80 km) bzw. zwei Tage; Rückfahrkarten gelten einen Tag (bis 36 km), zwei Tage (bis 80 km) bzw. einen Monat. Kinder (6–16 Jahre) reisen in Begleitung eines Elternteils mit der Juniorkarte kostenlos.

Die Swiss Card gestattet freie Fahrt ab Schweizer Grenze bzw. Flughafen zum Zielort, dazu beliebig Fahrten zum halben Preis (Bahn, Schiff, Postbus) während eines Monats.

Nostalgie-Bahnfahrten

Die Schweiz als klassisches Land der Alpenbahnen bietet vielfältige Möglichkeiten: So verkehrt am Brienzer Rothorn die einzige mit Dampf betriebene Zahnradbahn, während am Jungfraujoch der höchste Bahnhof des Kontinents (3454 m) steht. Ein Tipp für Eisenbahn-Nostalgiker ist die Museumsbahn von Blonay. In der Schweiz verkehrt auch »der langsamste Schnellzug der Welt«, der berühmte »Glacier-Express«: Für die rund 250 km lange Strecke von St. Moritz nach Zermatt benötigt er siebeneinhalb Stunden. Gemütlich zuckelt auch der »Bernina-Express« von Chur ins Engadin und über den Berninapass ins Puschlav. Eine zweitägige kombinierte Bahn- und Postautofahrt bietet der »Palm-Express« zwischen St. Moritz und Lugano. Der »Wilhelm-Tell-Express« verbindet per Dampfschiff und Bahn Luzern mit Lugano bzw. Locarno, der »Rhone-Express« Genf mit Zermatt. Weitere Infos bei Schweiz Tourismus (s. S. 100).

Bewährtes Verkehrsmittel: das Postauto

Der Swiss Pass ermöglicht freie Fahrt auf 16 000 Bahn-, Schiff- und Postbus-Kilometern sowie in den öffentlichen Verkehrsnetzen der meisten Städte; weiter gewähren private Busunternehmen und Bergbahnen Preisermäßigungen. Gültigkeitsdauer: vier, acht, 15, 21 Tage bzw. ein Monat. Gleiche Leistungen wie der Swiss Pass, aber nur an 3–9 frei wählbaren Tagen innerhalb eines Monats bietet der Swiss Flexi Pass.

ℹ️ Alle **Bahnpässe** (gelten nur für Gäste mit Wohnsitz im Ausland) können in DER-Reisebüros, an den Schaltern der Deutschen Bahn sowie bei Schweiz Tourismus (s. S. 100) bezogen werden. Weitere Informationen auch unter www.sbb.ch.

Mit dem Halbtaxabonnement können beliebig viele Fahrkarten (Bahn, Postauto, Bergbahn, Schiff) zum halben Preis erworben werden. Gültigkeitsdauer: ein Monat (90 CHF) oder ein bzw. zwei Jahre (150/222 CHF; Passfoto).

Regionale Ferienabonnements gibt es in neun Regionen von Frühjahr bis Herbst: Montreux/Vevey, Waadtland/Unterwallis, Berner Oberland, Oberwallis, Vierwaldstätter See, Locarno/Ascona, Lugano, Graubünden, Churfirsten/Säntis.

Mit dem Auto

Für die Einreise sind Fahrzeugpapiere, nationaler Führerschein und Nationalitätskennzeichen erforderlich. Die für die Benutzung der Schweizer Autobahnen benötigte Vignette kostet 40 CHF; sie gilt jeweils vom 1. Dezember bis 31. Januar des übernächsten Jahres. Unter Tel. 140 erreicht man Tag und Nacht den Pannendienst.

ℹ️ **Touring-Club der Schweiz (TCS),** Rue Pierre-Fatio 9, 1211 Genève, Tel. 022/417 27 27; **Automobil-Club der Schweiz (ACS),** Wasserwerkgasse 39, 3000 Bern, Tel. 031/311 31 11.

Verkehrsregeln
Höchstgeschwindigkeit in geschlossenen Ortschaften 50 km/h, außerorts 80 km/h. Anschnallpflicht. Zulässiger Alkoholgrenzwert: 0,8 Promille.

Alpenpässe
Wintersperre von Mitte November bis Mitte Mai: Albula, San Bernardino (Tunnel ganzjährig befahrbar), Großer St. Bernhard (Tunnel ganzjährig befahrbar; mautpflichtig), Flüela, Furka, St. Gotthard (Tunnel ganzjährig befahrbar), Grimsel, Klausen, Lukmanier, Nufenen, Oberalp, Splügen, Susten, Umbrail.

Mit dem Postauto

Für das gut ausgebaute Postautonetz werden verschiedene Abonnements ausgegeben. Informationen beim Postamt oder am Bahnhof.

*Basel

Kulturtempel und Chemieriesen

Basel (278 m; 170 000 Einw.), nach Zürich die zweitgrößte Stadt der Schweiz und Hauptort des Kantons Basel-Stadt, liegt zwischen Jura- und Schwarzwaldhöhen an einem alten Rheinübergang. Der große europäische Strom, aber auch die Grenznähe unmittelbar am Dreiländereck Schweiz – Deutschland – Frankreich haben ihr Wesen geprägt: weltoffen, zum Handels- und Industriezentrum prädestiniert, doch seit je auch der Kunst und der Wissenschaft zugetan. Dies bezeugt nicht nur die bereits 1460 von Papst Pius II. gegründete Universität, an der Erasmus von Rotterdam lehrte; auch das Basel von heute mit seinem reichen Kulturleben steht in dieser Tradition. Von überragender wirtschaftlicher Bedeutung ist die chemisch-pharmazeutische Industrie.

Geschichte

Der von den Römern angelegte Stützpunkt Basilea wurde 374 erstmals urkundlich erwähnt. Ab dem frühen 7. Jh. war der Ort Bischofssitz. Mit dem Brückenbau über den Rhein 1225 begann der Aufstieg zum Handelsplatz. Das Basler Konzil (1431–1447), die Universitätseröffnung (1460) und das Messeprivileg (1471) festigten die Stellung der Rheinstadt kulturell und wirtschaftlich. 1501 trat Basel der Eidgenossenschaft bei; 1529 wurde die Reformation eingeführt. 1833 kam es nach bürgerkriegsähnlichen Wirren zur Trennung in die beiden Halbkantone Basel-Land und Basel-Stadt.

Sehenswürdigkeiten

Seite 30

Der weit geschwungene Bogen des Rheinknies trennt die beiden Stadtteile Groß- und Kleinbasel. Am Südwestufer des Flusses liegt der historische Siedlungskern: Großbasel – heute weitgehend autofrei – wird vom Münster, dem Wahrzeichen der Stadt, überragt.

Tipp Den stimmungsvollsten Blick auf die doppeltürmige Silhouette Basels hat man vom Oberen Rheinweg am jenseitigen Ufer, an das man mit der **Münsterfähre** bequem übersetzen kann. An einem über den Fluss gespannten Drahtseil befestigt, wird das Schiff ausschließlich durch die Strömungskraft des Wassers angetrieben – ein wahrlich umweltfreundliches Verkehrsmittel!

Naturhistorisches Museum und Museum der Kulturen ❶
Von der Mittleren Rheinbrücke führt die malerische Altstadtgasse Rheinsprung zum Münsterplatz. In der nicht minder pittoresken Augustinergasse liegen das Naturhistorische Museum und das Museum der Kulturen, dem das Schweizerische Museum für Volkskunde angegliedert ist. Zu besichtigen sind u. a. bedeutende Südsee- und Altamerikasammlungen; im Volkskundemuseum ziehen vor allem die Exponate zur Appenzeller und Greyerzer Sennenmalerei viele Besucher an (Di bis So 10–17 Uhr).

**Münster ❷
Nach wenigen Schritten steht man vor der rötlichen Sandsteinfassade des Münsters. Im Wesentlichen handelt es sich um eine spätromanische Basilika mit Querhaus und Chorumgang (12. Jh.), doch sind die gotischen Akzente unübersehbar. Die Westfassade

Seite
30

erhielt nach dem Brand von 1258 neue Gestaltungselemente, wenig später begann der Anbau seitlicher Begräbniskapellen. Nach dem schweren Erdbeben von 1356, das Gewölbe, Türme und Krypten zerstörte, wurde der Wiederaufbau im gotischen Stil vorangetrieben.

Museum Jean Tinguely ❸

Über die Wettsteinbrücke noch ein Stück weiter rheinaufwärts steht Basels jüngster Kulturtempel, das vom bekannten Tessiner Architekten Mario Botta entworfene Museum Jean Tinguely im Solitudepark (Grenzacherstraße 210). Es gewährt einen guten Überblick über die skurrilen, witzigen Arbeiten des aus Fribourg stammenden Künstlers Jean Tinguely (1925 bis 1991), der vor allem durch seine beweglichen und teilweise auch tönenden und rauchenden Eisenkonstruktionen weltberühmt wurde (Mi–So 11 bis 19 Uhr).

St.-Alban-Vorstadt

Die im alten Gewerbeviertel St. Alban seit der Mitte des 15. Jhs. betriebene Papierherstellung wird im **Basler Papiermuseum** dokumentiert (St.-Alban-Tal 37, Di–So 14–17 Uhr). In unmittelbarer Nachbarschaft trifft man auf die gotische **St.-Alban-Kirche** und das **Museum für Gegenwartskunst** mit Werken von Penk und Beuys (St.-Alban-Rheinweg 60, Di–So 11– 17 Uhr).

❶ Naturhistorisches Museum und Museum der Kulturen
❷ Münster
❸ Museum Jean Tinguely
❹ Kunstmuseum
❺ Haus zum Kirschgarten
❻ Fasnachtsbrunnen
❼ Historisches Museum
❽ Rathaus
❾ Spalentor

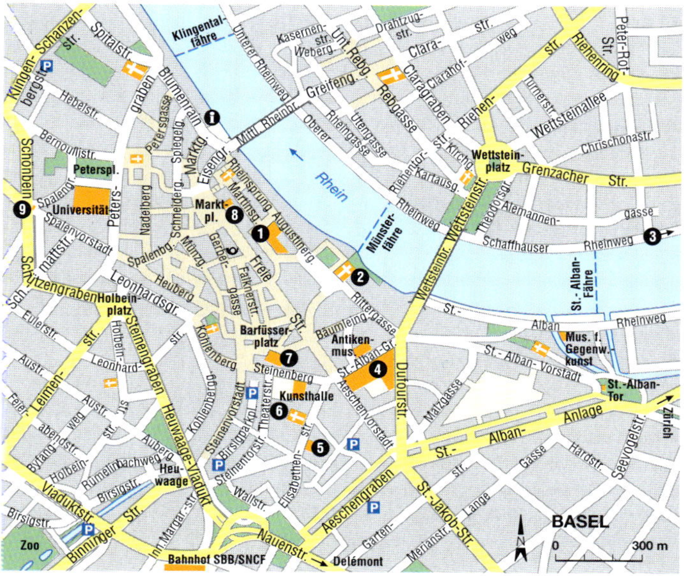

Im Basler Zoo

Das berühmte **Kunstmuseum** ❹ liegt nur wenige Schritte entfernt im St.-Alban-Graben. Im Jahr 1661 erwarb die Stadt die Sammlung Basilius Amerbach; sie bildete den Grundstock der ältesten öffentlichen Gemäldegalerie in Europa. Heute zählt sie zu den großen Häusern des Kontinents. Besonders reich vertreten ist die oberrheinisch-schweizerische Malerei des 15. und 16. Jhs. mit Werkgruppen von Konrad Witz, der Holbein-Familie u. a. Einen zweiten Schwerpunkt bildet die Kunst des 20. Jhs. mit der bedeutendsten europäischen Kubistensammlung (Di–So 10–17 Uhr).

Tipp Besonders Familien lieben den **Basler Zoo,** den »Zolli«, am Südwestrand der Stadt. In dem schön angelegten Park gibt es viele Tiere zum Anfassen (tgl. 8–17, im Sommer bis 18.30 Uhr, www.zoobasel.ch).

Von der Elisabethenstraße zum Barfüsserplatz
Mit der Basler Wohnkultur des 18. und 19. Jhs. kann man sich im **Haus zum Kirschgarten** ❺ (1777–1780) in der Elisabethenstraße bekannt machen. Ganz im Stil dieser Zeit eingerichtet, zeigt es u. a. alte Uhren, historisches Spielzeug und Porzellan (Di, Do, Fr, So 10–17 Uhr, Mi 10–20 Uhr, Sa 13 bis 17 Uhr).

Ein Anziehungspunkt ganz anderer Art ist der populäre **Fasnachtsbrunnen** ❻ vor der Kunsthalle, 1977 von Jean Tinguely als turbulentes Wasserspiel geschaffen. Es spritzt und quietscht, wenn die bizarren Maschinen das Wasser im Becken bewegen.

In der ehemaligen Barfüsserkirche der Franziskaner am gleichnamigen Platz ist das **Historische Museum** ❼ eingerichtet. Der 1975–1981 restaurierte Bau gilt in seiner spartanischen Strenge als gutes Beispiel der Bettelordenarchitektur des frühen 14. Jhs. Die reiche Sammlung umfasst u. a. ur- und frühgeschichtliche Funde, Kunst des Mittelalters und Goldschmiedearbeiten aus dem Münster (Mi–Mo 10 bis 17 Uhr).

*Rathaus ❽
Mittelpunkt der Basler Altstadt ist der Marktplatz, um dessen Blumen- und Gemüsestände tagsüber meist ein reges Treiben herrscht. Blickfang ist hier die rote, bemalte Sandsteinfassade des Rathauses. In den Jahren 1507 bis 1513 errichtet, wurde es ein Jahrhundert später um den Anbau links und 1898–1904 noch um den Turm erweitert (Führungen).

Buntes Treiben

Liebstes Kind der Beppis (Basler) ist ihre **Fasnacht,** die jeweils am Montag nach Aschermittwoch um Punkt vier Uhr in der Früh mit dem legendären »Morgestraich« beginnt. Noch in vollkommener Dunkelheit formieren sich die Mitglieder der »Cliquen«, der Fasnachtsgesellschaften, mit ihren fantasievoll gestalteten Kostümen in den unbeleuchteten Gassen der Altstadt zum Festzug.

Seite 30

*Spalentor ❾

Ein weiteres Wahrzeichen der Stadt ist das Spalentor, dessen mächtiger Mittelteil von zwei zinnenbekrönten Türmen flankiert wird. Viele halten es für die schönste seiner Art in der Schweiz. Auffallend für ein Befestigungswerk ist der reiche Bauschmuck.

*Fondation Beyeler

Die bedeutende Sammlung des Ehepaars Beyeler zur klassischen Moderne ist in dem von Renzo Piano entworfenen Museum im Vorort Riehen zu sehen (Baselstraße 101, tgl. 10–18 Uhr, Mi bis 20 Uhr, www.beyeler.com).

Seite 30

Das Spalentor

Infos

Basel Tourismus, Schifflände 5, 4001 Basel, Tel. 061/268 68 68, Fax 268 68 70; Mo–Fr 8.30–18 Uhr, Sa 10–16 Uhr; www.baseltourismus.ch, E-Mail: info@baseltourismus.ch

Flughafen: Basel-Mulhouse, 10 km; Zubringerbus ab Bahnhof SBB.

Merian am Rhein, Rheingasse 2, 4005 Basel, Tel. 061/685 11 11, Fax 685 11 01, www.merian-hotel.ch. Die Lage mit Fluss und Münster im Blick ist bestechend. ○○○
▮ **Kunsthotel Teufelhof,** Leonhardsgraben 47, 4051 Basel, Tel. 061/ 261 10 10, Fax 261 10 04, www.teufelhof.com; s. S. 7.
▮ **Resslirytti,** Theodorsgraben 42, 4058 Basel, Tel. 061/691 66 41, Fax 691 45 90. Modernes Haus, zentral nahe der Mustermesse. ○○

Campingplatz: Waldhort, 4153 Reinach, Tel. 061/711 64 29.

Das gotische Basler Rathaus

Bruderholz-Stucki, Bruderholzallee 42, 4059 Basel, Tel. 061/ 361 82 22. Basels erste Adresse für Gourmets, Mittagsmenü. Di–Sa. ○○○
▮ **Goldener Stern,** St.-Alban-Rheinweg 70, 4052 Basel, Tel. 061/272 16 66. Im Sommer Gartenwirtschaft; gediegene Schweizer Kost. ○○
▮ **Gifthüttli,** Schneidergasse 11, 4051 Basel, Tel. 061/261 16 56. Gemütliche Altstadtbeiz. Mo–Sa. ○

Basels Shopping-Dorado ist die **Freie Straße,** wo es fast alles gibt, was gut und teuer ist.
▮ Als Souvenir altbewährt sind die »Basler Läckerli« (**Läckerlihus,** Gerbergasse 57 und Greifengasse 2).
▮ Mo–Sa **Markt** beim Rathaus; Sa **Flohmarkt** auf dem Petersplatz.

Kunterbunt ist die Kleintheaterszene, z. B.: **Fauteuil** (Spalenberg 12) und **Baseldytschi Bihni** (Leonhardskirchplatz 3).
▮ Jazzfreunde besuchen **The Bird's Eye** (Kohlenberg 20).

Seite 35

***Bern

»Nur nichts übereilen!«

Bern (542 m; 133 000 Einw.), im Herzen des Landes nahe der deutsch-französischen Sprachgrenze gelegen, ist die Hauptstadt des gleichnamigen Kantons und der Eidgenossenschaft, aber weder ihr kulturelles noch wirtschaftliches Zentrum. Dafür wirkt die Stadt, deren einmalig schöner historischer Kern auf einer von der Aare umflossenen Molassehalbinsel liegt, auf den Besucher ganz besonders schweizerisch, mehr etwa als Zürich oder Genf. Hierzu trägt nicht nur das »Bärndütsch«, eine sehr ausgeprägte Mundart, bei, sondern auch die Behäbigkeit der Berner. »Nume nid gschprängt«, sagt man an der Aare und meint damit, dass man sich die Angelegenheit noch einmal überlegen will.

Geschichte

Bern wurde 1191 von Herzog Berchthold V. von Zähringen gegründet und erhielt bereits 1218 – nach dem Aussterben des Adelsgeschlechts – die Reichsfreiheit. Der Sieg von Laupen (1339) über den burgundischen Adel und die Stadt Fribourg festigte die Stellung des Orts; mit dem Beitritt zur Eidgenossenschaft 1353 verschaffte er sich Rückendeckung für seine Expansionspolitik. Sie brachte 1415 die Annexion des Aargaus; nach der Eroberung der Waadt 1536 war Bern der größte Stadtstaat nördlich der Alpen.

Gegen die machthabende Patrizierschicht lehnten sich Bauern (1653) und Bürger (1749) erfolglos auf; nach dem Einzug der Franzosen blieb dem Ancien régime 1798 allerdings nur noch die Kapitulation. 1848 wurde Bern Bundeshauptstadt.

Die Hauptachse des historischen Zentrums (seit 1983 UNESCO-Weltkulturerbe) verläuft vom Bahnhof zur Nydeggbrücke; sie setzt sich aus Spital-, Markt-, Kram- und Gerechtigkeitsgasse zusammen. In ihrer Gesamtheit bilden sie das bedeutendste historische Bauensemble der Schweiz. Das Stadtbild wird von den malerischen Arkadengängen geprägt. Typisch sind aber auch die zahlreichen Figurenbrunnen.

Die Spitalgasse

Am Beginn der Spitalgasse erhebt sich die 1726–1729 errichtete **Heiliggeistkirche ❶**, der bedeutendste protestantische Sakralbau der Schweiz, aus der Zeit des Barock. Wuchtige Sandsteinsäulen und eine umlaufende Galerie verleihen dem lichten Innenraum seinen eigenwilligen Charakter. Am Bärenplatz, an dem der **Käfigturm ❷** aus dem 16. Jh. die Blicke auf sich zieht, laden an lauen Tagen die Straßencafés zur Rast ein.

Historisch gewachsen

Innerhalb der mittelalterlichen Stadtanlage Berns sind vier Entwicklungsphasen ablesbar, die sich zeitlich über fast zwei Jahrhunderte erstrecken (1191 bis 1346). Der ursprüngliche Kern mit der Reichsburg reichte von der Nydegg- bis zur Kreuzgasse, in einer ersten Phase dehnte sich die Stadt westwärts bis zum Zytgloggeturm aus, nach 1256 dann bis zum Käfigturm. Zuletzt kam die äußere Neustadt um die Spitalgasse hinzu.

Am Kornhausplatz

Auf dem Kornhausplatz steht der originellste der zahlreichen Brunnen Berns, der **Kindlifresserbrunnen** ❸ von 1546. Früher war er wohl als abschreckendes Beispiel für kleine Übeltäter gedacht. Im Zeitalter des Frühstücksfernsehens mag der Kinder schluckende Riese seinen Schrecken für die meisten verloren haben. Dominierendes Bauwerk am Platz ist das **Kornhaus** (1711–1718), ein gutes Beispiel des bernischen Hochbarock. Dahinter steht die **Französische Kirche** ❹, Ende des 13. Jhs. im kargen Stil der Bettelordensgotik errichtet, und um 1754 teilweise barockisiert. Im Innern ist der Lettner von 1495 sehenswert.

Seite
35

❶ Heiliggeistkirche
❷ Käfigturm
❸ Kindlifresserbrunnen
❹ Französische Kirche
❺ Zytgloggeturm
❻ Nydeggkirche
❼ Bärengraben
❽ Münster
❾ Bundeshaus
❿ Schweizerisches
   Alpines Museum
⓫ Bernisches
   Historisches
   Museum
⓬ Kunstmuseum

Im Bärengraben

*Ein wüster Geselle: der »Kindlifresser«
am Berner Kornhausplatz*

Wahrzeichen der Stadt ist der aus dem 12. Jh. stammende ***Zytglogge-turm ❺**, einst Westtor der ersten Stadterweiterung. Ursprünglich ein Schalenturm mit drei Meter dicken Grundmauern, präsentiert er sich heute mit Zu- und Umbauten des 15. bis 18. Jhs. Die viel bestaunte astronomische Uhr mit Glockenspiel an seiner Ostseite setzt ihre Figurenschar kurz vor jeder vollen Stunde in Bewegung.

Kram- und Gerechtigkeitsgasse

Die breit angelegte Kramgasse ist das Schmuckstück unter den Berner Straßen. Harmonisch reihen sich die Barockfassaden aneinander. Zwei geschmückte Brunnen (16. Jh.) unterbrechen ihren Verlauf. Im Haus Nr. 49 lebte Albert Einstein von 1902 bis 1909. An den Physiker erinnert eine kleine Ausstellung (Februar bis November Di–Fr 10–17 Uhr, Sa 10–16 Uhr).

Die Hauptachse der Altstadt läuft in der Gerechtigkeitsgasse aus; diese endet bei der **Nydeggkirche ❻**. Der

spätgotische Saalbau wurde über den Fundamenten der geschleiften Reichsburg errichtet.

*Bärengraben ❼

Als Verlängerung der Gerechtigkeitsgasse überspannt die Nydeggbrücke in 25 m Höhe die Aare. Ältester und bis 1844 einziger fester Flussübergang ist die benachbarte Untertorbrücke, 1461 in Stein ausgeführt. Auf der anderen Uferseite liegt der Bärengraben von 1857, fast immer von Schaulustigen umlagert. Die Bären, im Volksmund »Mutzen« genannt, gehören zum Berner Stadtbild wie die Gondeln zu Venedig. Bereits in einer Urkunde von 1441 ist von einem Bärengraben die Rede. Spätestens seit 1513, als die Berner Truppen von der Schlacht bei Novara ein lebendiges Exemplar als Kriegsbeute mitbrachten, hatten die Tiere hier eine Heimstatt.

Spannend ist die neue **Multimedia Bern Show** über Bern einst und jetzt beim Bärengraben (tgl. 10–16 Uhr).

**Münster ❽

Überragt wird die Dächerlandschaft der Altstadt von dem 100 m hohen Turm des Münsters (Besteigung möglich). Das stattliche Gotteshaus blickt auf eine außergewöhnlich lange Bauzeit zurück: Zwischen der Grundsteinlegung 1421 und der Einwölbung des Kirchenschiffes liegen rund 150 Jahre. Der durchbrochene Turmhelm wurde sogar erst 1893 nach dem Vorbild des Ulmer Münsters vollendet.

Kunstgeschichtliche Bedeutung kommt dem ***Hauptportal** (1490 bis 1500) mit seinem üppigen figürlichen Schmuck zu. Auch der Innenraum beherbergt Kostbarkeiten, so die berühmten ***Glasgemälde** in den Fenstern des polygonalen Altarraums.

Bundeshaus ❾

Das Bundeshaus ist ein lang gestreckter, im florentinischen Renaissancestil gehaltener Gebäudekomplex. Der 1894 bis 1902 erbaute, kuppelbekrönte Mitteltrakt beherbergt die Sitzungssäle der beiden Kammern des eidgenössischen Parlaments, des National- und des Ständerats (tgl. Führungen).

Von der **Bundesterrasse** bietet sich ein schöner Blick auf den Lauf der Aare; links überspannt die Kirchenfeldbrücke den tief eingeschnittenen Fluss.

Am Helvetiaplatz

Die Kirchenfeldbrücke verbindet die Altstadt mit dem Helvetiaplatz, um den sich mehrere besuchenswerte Museen gruppieren. Im Osten liegt die **Kunsthalle** mit Wechselausstellungen zur Gegenwartskunst, gegenüber das ***Schweizerische Alpine Museum ❿**, das einen interessanten Einblick in die Entstehung und den Aufbau der Alpen sowie ihre Erschließung vermittelt (Mo 14–17 Uhr, Di–So 10–17 Uhr).

Das ***Bernische Historische Museum ⓫** besitzt großartige Sammlungen

zu den Themen Ur- und Frühgeschichte, Völkerkunde sowie Kunsthandwerk (Di–So 10–17 Uhr, Mi bis 20 Uhr).

Seite 35

Kunstmuseum ⓬

Das Kunstmuseum zeigt bernische und schweizerische Kunst vom Mittelalter bis zur Gegenwart, Werke italienischer Maler (14. Jh.), französische Malerei des 19. Jhs. sowie Kunst des 20. Jhs., darunter die berühmte Paul-Klee-Sammlung (Hodlerstraße 8–12, Di 10–21 Uhr, Mi–So 10–17 Uhr).

Infos

Bern Tourismus, im Bahnhof, 3001 Bern, Tel. 031/328 12 12, Fax 312 12 3; Mo–Sa 9–18.30 Uhr (im Sommer bis 20.30 Uhr), So 10–17 Uhr; E-Mail: info-res@bernetourism.ch, www.bernetourism.ch

Schweizerhof, Bahnhofplatz 11, 3001 Bern, Tel. 031/326 80 80, Fax 326 80 90, www.schweizerhof-bern.ch. Luxushotel am Rand der Altstadt, in der »Schultheissenstube« wird in gediegenem Ambiente hohe Kochkunst zelebriert, international gibt sich »Jack's Brasserie«. ○○○
❚ **Goldener Schlüssel,** Rathausgasse 72, 3011 Bern, Tel. 031/311 02 16, Fax 311 56 88, www.goldener-schluessel.ch. Berner Altstadttreff. ○○

Frohsinn, Münstergasse 52, 3000 Bern, Tel. 031/311 37 68; Di–Sa. Gutbürgerlich. ○○
❚ **Menuetto,** Münstergasse 47; Tel. 031/311 14 48; Mo–Sa. Noch ein Geheimtipp für Vegetarier. ○○

Di und Sa Morgen **Gemüse-** und **Blumenmarkt.**

Seite 39

**Genf

Weltstadt nach Schweizer Art

Genf/Genève (375 m; 168 000 Einw.), die Hauptstadt des gleichnamigen kleinen Kantons (rund 387 000 Einw.), lebt nicht nur aufgrund seiner geographischen Lage in enger Nachbarschaft mit dem (französischen) Ausland, es ist international wie keine andere Schweizer Stadt: europäischer Sitz der UNO (obwohl die Eidgenossenschaft nicht Mitglied der Vereinten Nationen ist), Sitz der EFTA (Europäische Freihandelsassoziation) und vieler weiterer internationaler Organisationen. Entsprechend breit gefächert sind auch die Nationalitäten der Stadtbewohner, der Ausländeranteil liegt bei 30 %. Der Besucher begegnet bei alldem nicht nur einer kosmopolitischen, sondern auch charmanten Stadt, »Klein-Paris« am Ufer des Lac Léman vor der einmaligen Kulisse des in der Ferne glitzernden Montblanc.

Geschichte

Früheste Siedlungsspuren am Abfluss der Rhone aus dem Genfer See reichen bis in die Jüngere Steinzeit zurück. Seit 120 v. Chr. gehörte die keltisch-allobrogische Siedlung zur römischen Provinz Gallia Narbonensis. Im 4. Jh. christianisiert, kam der Ort 443 unter die Herrschaft der Burgunder, die ihn zu ihrer Hauptstadt machten. Später ging er an die Franken und schließlich 1032 an die deutschen Kaiser. 1532 erfasste die Reformationsbewegung auch Genf; entscheidende Impulse erhielt die Rhonestadt durch Jean Calvin (1509 bis 1564), der sie zu einem Zentrum des neuen Glaubens machte. 1584 schloss man einen ersten Bund mit Bern und Zürich. 1798 besetzten die Franzosen die Stadt. Nach dem Sturz Napoleons wurde Genf 1815 als 22. Kanton in die Eidgenossenschaft aufgenommen.

Vom Pont de l'Ile ins Zentrum

Günstiger Ausgangspunkt für einen Stadtbummel ist der **Pont de l'Ile ❶**, der die Rhone überspannt. Durch die im 19. Jh. einheitlich gestaltete Rue de la Corraterie – eine der elegantesten Geschäftsstraßen Genfs – gelangt man rasch auf die **Place Neuve ❷**, um die sich das Grand Théâtre, die nach dem Vorbild des Pariser Palais Garnier gestaltete Oper sowie das Musikkonservatorium und das Musée Rath (Wechselausstellungen) gruppieren.

Promenade des Bastions

Die Place Neuve öffnet sich zur baumbestandenen Promenade des Bastions. Links, an der Treille-Mauer, befindet sich das **Monument de la Réformation** (Reformationsdenkmal) ❸ von 1917. In der Mitte der etwa 100 m langen, bewusst schmucklos gehaltenen Wand heben sich die Bildnisse der vier Glaubenskämpfer Farel, Calvin, de Bèze und Knox in wuchtiger Größe ab, Reliefs an beiden Seiten schildern die Geschichte der Reformation.

Die 1868–1872 als klassizistische Dreiflügelanlage errichtete **Université ❹** ging aus der von Calvin gegründeten Akademie hervor. Sie beherbergt das Musée Jean-Jacques Rousseau, das Erinnerungsstücke und Manuskripte des in Genf geborenen Philosophen zeigt (Mo–Fr 9–12, 14–17 Uhr, Sa 9–12 Uhr).

Vieille Ville

Über der Promenade des Bastions erhebt sich auf einem Hügel die Altstadt, die Vieille Ville. Die engen Gassen zwischen der Place Bel-Air und der Kathedrale laden zu einem Spaziergang ein, bei dem man überraschend viel historische Bausubstanz entdecken kann, etwa in der Grand Rue mit ihren Häuserzeilen des 15.–18. Jhs. Im Haus Nr. 40 wurde am 28. Juni 1712 Jean-Jacques Rousseau geboren; in der Grand Rue 34 hatte Ferdinand Hodler sein Atelier. Als ältestes noch erhaltenes Wohnhaus der Stadt gilt die 1303 urkundlich erwähnte **Maison Tavel** ➎ mit geschmückten Fensterfassaden und bezauberndem Innenhof. Hier hat das **Altstadtmuseum** ein passendes Domizil gefunden (Di–So 10–17 Uhr).

Das ***Hôtel de Ville** (Rathaus) ➏ ist ein komplexes Bauwerk, das in mehreren Etappen zwischen 1440 und 1707 entstand. Hier wurde am 22. August 1864 das erste Abkommen des Roten Kreuzes, die Erste Genfer Konvention, unterzeichnet.

Seite 39

Tipp Der schöne Renaissancehof liefert im Sommer den stilvollen Rahmen für **Konzertaufführungen** (Infos bei Genève Tourisme, s. S. 41).

➊ Pont de l'Ile
➋ Place Neuve
➌ Monument de la Réformation
➍ Université
➎ Maison Tavel
➏ Hôtel de Ville
➐ Cathédrale de St-Pierre
➑ Musée d'Art et d'Histoire
➒ Musée d'Histoire Naturelle
➓ Pont du Mont-Blanc
⓫ Cité international

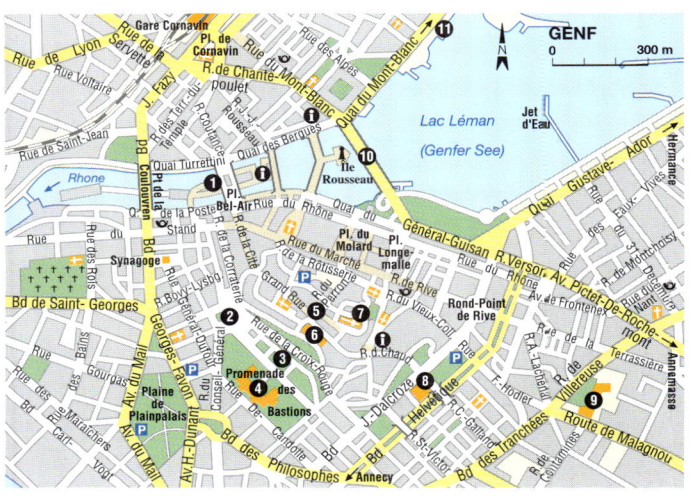

Seite
39

Cathédrale de St-Pierre

Den höchsten Punkt der Altstadt markiert die ***Cathédrale de St-Pierre ❼**, eine dreischiffige Pfeilerbasilika des 12./13. Jhs. Der Bau wurde romanisch begonnen, aber in gotischem Stil vollendet und im 18. Jh. um einen der Hauptfassade vorgebauten klassizistischen Säulenportikus »bereichert«. Diese Erweiterung erfolgte vor allem, um einen drohenden Einsturz der Frontmauer zu verhindern.

Neben der Kathedrale steht der **Temple d'Auditoire** (15. Jh.), der Calvin und de Bèze als theologisches Forum diente.

Musée d'Art et d'Histoire ❽

Bedeutendstes Museum Genfs ist das Musée d'Art et d'Histoire mit einer reichen Münzkollektion sowie mehreren kunst- und kulturhistorischen Sammlungen. Sie umfassen u. a. ägyptische, griechische, etruskische und römische Exponate. Dazu kommen prähistorische Funde aus der Genfer Gegend und mittelalterliche Sakralkunst. Die Gemäldegalerie zeigt Genfer Malerei des 15. bis 20. Jhs. (Rue Charles-Galland 2, Di–So 10–17 Uhr).

Musée d'Histoire Naturelle ❾

Faszinierend ist auch das moderne Musée d'Histoire Naturelle an der Route de Malagnou. Es besitzt bedeutende zoologische, paläontologische, geologische und mineralogische Bestände, hervorzuheben ist die Darstellung des Sonnensystems in Raumgröße (Di–So 9.30–17 Uhr). In der benachbarten Villa Malagnou ist das **Musée de l'Horlogerie** (Uhrenmuseum) untergebracht.

Solferino und die Folgen

Nicht erst seit Bosnien-Herzegowina, seit all den Kriegen in der dritten Welt kennt man das **Rote Kreuz** und seinen humanitären Auftrag. Seinen Anfang nahm alles mit einer Schlacht und einem mutigen Mann, der das grässliche Gemetzel beim lombardischen Solferino (1859) nicht vergessen konnte und wollte: Henri Dunant (1818–1910). Der gebürtige Genfer und Verfasser einer aufwühlenden Antikriegsschrift regte die Gründung einer neutralen Organisation an. Ihre Aufgabe sollte die Sorge um die Opfer – Soldaten wie Zivilisten – sein, vor bald 150 Jahren eine wahrhaft revolutionäre Idee. 1864 wurde am Genfer See die Erste Genfer Konvention »zur Verbesserung des Loses der verwundeten Soldaten« unterzeichnet. Ihrem geistigen Vater wurde 1901 der erste Nobelpreis der Geschichte verliehen – verdiente Ehrung für einen wahren Menschenfreund.

Pont du Mont-Blanc ⑩

Über den breiten Pont du Mont-Blanc – die wohl meistbefahrene Brücke der Schweiz – gelangt man aus westliche Seeufer. Am Quai du Mont-Blanc fällt vor allem das bombastische Mausoleum des Herzogs Karl II. von Braunschweig auf. Er verbrachte den Lebensabend im Exil in Genf und vermachte der Rhonestadt sein ganzes Vermögen – unter der Auflage, dass ihm ein angemessenes Denkmal errichtet werde.

Außerhalb des Zentrums

Weit außerhalb im Norden der Stadt liegt die **Cité International ⑪**, wo viele große Organisationen ihren Sitz haben (Avenue de la Paix). Mittelpunkt ist das **Palais des Nations,** das 1929 bis 1937 als Sitz des Völkerbundes erbaut wurde und heute den Vereinten Nationen als europäisches Zentrum dient (Führungen tgl. 10–12, 14 bis 16 Uhr, Juli/Aug. 10–17 Uhr). Der nahe **Botanische Garten** (Chemin de l'Impératrice 1) verspricht Abwechslung.

Das **Musée International de la Croix-Rouge et du Croissant-Rouge** an der Route de Lausanne informiert eindrucksvoll über die Arbeit der in Genf gegründeten Hilfsorganisation (Avenue de la Paix, Mi–Mo 10–17 Uhr).

Infos

 **Genève Tourisme,** Rue du Mont-Blanc 18, 1211 Genève, Tel. 022/909 70 00, Fax 909 70 11; Mo–Fr 9–18 Uhr, Sa/So 8–18 Uhr; E-Mail: info@geneve-tourism.ch, www.geneve-tourism.ch

Flughafen: Genf-Cointrin, 4 km; Bahnverbindung vom Gare de Cornavin.

 Domaine de Châteauvieux, Peney-Dessus, 1242 Satigny, Tel. 022/753 15 11, Fax 753 19 24, www.chateauvieux.ch. Einige km außerhalb, inmitten von Weinbergen, bester Komfort und vorzügliche Küche. ○○○

■ **Luserna,** Avenue de Luserna 12, 1203 Genève, Tel. 022/345 45 45, Fax 344 49 36, www.hotel-luserna.ch. Hotel garni am Stadtrand, aber nur ein paar Minuten von der UNO gelegen; sehr ruhig. ○○

Seite 39

Campingplatz: Pointe à la Bise, 1222 Vésenaz, Tel. 022/752 12 96.

Le Béarn, Quai de la Poste 4, 1204 Genève; Tel. 022/ 321 00 28. Klassische französische Küche in Vollendung, gediegen-luxuriöses Ambiente. Sa nur abends, So geschl. ○○○

■ **Le Saint-Germain,** Boulevard de Saint-Georges 61, 1201 Genève, Tel./Fax 022/328 26 24. Die richtige Adresse für Fischgerichte. Sa/So geschl. ○○

■ **Café Centre,** Place du Molard 5, 1201 Genève, Tel. 022/311 85 86. Die breite Angebotspalette reicht von vegetarischen Gerichten über Austern bis zu Steaks. Sa/So geschl. ○

Mittwochs und samstags kann man auf der Plaine de Plainpalais auf dem **Flohmarkt** stöbern.
■ Auf der Place de Fusterie findet freitags ein **Büchermarkt** statt.

Das **Grand Théâtre** an der Place Neuve, Tel. 022/418 31 30, ist die bekannteste Bühne der Stadt und bietet Opern- und Schauspielaufführungen.
■ Echt trendy ist die Disco **Rève d'O** mit ihrer Metalldekoration, Quai Forces Motrices 4, tgl. 18–5 Uhr.

Seite
43

**Luzern

Postkartenidylle am Vierwaldstätter See

Bei Luzern (436 m; 60 000 Einw.) denkt man zunächst an Bilderbuch-motive wie die holzgedeckte Kapell-brücke vor dem Kranz der Alpengipfel oder an Raddampfer-Nostalgie auf dem Vierwaldstätter See. Vielleicht fallen einem aber auch zur »Wiege der Eidgenossenschaft« jede Menge »Swiss watches« in den Auslagen der Geschäfte und noch mehr Touristen ein, vor allem englischsprachige. Zur Hauptsaison erweist sich die Stadt nicht selten als überfüllter Tummel-platz der Touristenscharen mit ver-stopften Straßen und vollen Cafés, von dem sich die Einheimischen vorüber-gehend zurückgezogen haben.

Kapellbrücke und Wasserturm

Geschichte

Die erste Siedlung ging aus einem wohl um die Mitte des 8. Jhs. gegrün-deten Kloster Luceria hervor (daher der Name Leuchtenstadt). Als Datum der Stadtgründung gilt 1178; nach Er-öffnung des Gotthardweges im 13. Jh. entwickelte sich der Ort rasch zu ei-nem bedeutenden Handelsplatz. 1291 wurde er an die Habsburger verkauft, was indirekt – man fürchtete um seine Freiheiten – zum Anschluss an den Bund der Urkantone führte (1332). Im Jahr 1386 verteidigten die vier Wald-stätte ihre Unabhängigkeit bei Sem-pach erfolgreich; in den Jahrzehnten danach gewann Luzern den größten Teil des heutigen Kantongebietes als Untertanenland. Während der Refor-mation blieb der Ort katholisch und wurde dann Zentrum der Gegenrefor-mation. Nach dem Zusammenbruch

der Alten Eidgenossenschaft war hier 1798–1799 der Sitz der helvetischen Regierung.

Am Bahnhofplatz

Die viel befahrene **Seebrücke** ❶ ver-bindet den Schweizerhofquai mit dem Bahnhofplatz. Neben dem Bahnhof setzt das neue **Kultur- und Kongress-zentrum** des französischen Stararchi-tekten Jean Nouvel einen modernen Akzent. In dem Komplex ist auch das **Kunstmuseum** ❷ mit interessanten Wechselausstellungen untergebracht (Di–So 10–17 Uhr, Mi bis 21 Uhr).

Tipp Von der Seebrücke hat man den besten **Blick** auf Stadt, See und Berge. Markante Orientierungspunkte im Panorama sind südwestlich der Pi-latus (2129 m) und südöstlich der Rigi (1798 m), beide mit einer Seilbahn zu erreichen. Zu einem Besuch Luzerns gehört auch eine **Schifffahrt** auf dem **Vierwaldstätter See (Abfahrt am Quai beim Bahnhof).

*Kapellbrücke ❸

Wahrzeichen Luzerns ist die Kapellbrücke, die unterhalb der Seebrücke
in schrägem Lauf die Reuss überquert.
Die älteste gedeckte Holzbrücke Europas entstand Anfang des 14. Jhs. als
Teil der Befestigungsanlagen. 1993
wurde sie durch einen Brand schwer
beschädigt, dem auch der reichhaltige
Bilderzyklus im offenen Dachstuhl
zum Opfer fiel. Verschont dagegen
blieb der achteckige Wasserturm, der
früher u. a. als Schatzkammer, Archiv
und Gefängnis diente. Nach fast origi-
nalgetreuem Wiederaufbau ist die
Brücke heute wieder eines der beliebtesten Fotomotive in der Stadt.

Jesuitenkirche ❹

Wenig weiter reussabwärts ragen am
südlichen Flussufer die Zwillingstür-
me der Jesuitenkirche auf. In den Jahren 1666–1669 errichtet, ist sie der älteste große Barockbau in der Schweiz;
wirklich beeindruckend ist der weite,
reich stuckierte Innenraum.

An das Gotteshaus grenzt der **Rit-
tersche Palast.** Ursprünglich gehörte
der Renaissancebau den Jesuiten. Seit
1804 dient er als Regierungsgebäude.
In seinem anmutigen Säulenhof fühlt
man sich ins heitere Italien versetzt.

Seite 43

*Spreuerbrücke ❺

Über den Reuss-Steg gelangt man zur
zweiten gedeckten Brücke Luzerns,
zur Spreuerbrücke. Diesen Namen erhielt sie, weil man früher nur an dieser
Stelle Spreu und Laub in den Fluss
werfen durfte. Die Totentanzbilder
(1626–1635) im Dachstuhl stammen
von Kaspar Meglinger.

❶ Seebrücke
❷ Kunstmuseum
❸ Kapellbrücke
❹ Jesuitenkirche
❺ Spreuerbrücke
❻ Museggmauer
❼ Rathaus
❽ Hofkirche
❾ Bourbaki-Panorama
❿ Löwendenkmal

Unter den Rathausarkaden wird der Markt abgehalten

Neben dem Aufgang zur Brücke steht am Kasernenplatz das ehemalige Waisenhaus, ein stattlicher klassizistischer Bau (1811), in dem das interessante **Naturmuseum** untergebracht ist. Zur fesselnden Darstellung der Themen aus Ökologie und Zoologie gehört hier die Ausstellung lebendiger Tiere (Di–Sa 10–12, 14–17 Uhr, So 10 bis 17 Uhr).

*Museggmauer ❻

Von der Spreuerbrücke bietet sich ein Blick auf die Altstadt nördlich der Reuss, die so genannte Großstadt, und die neuntürmige Museggmauer (14. Jh.). Um 1400 angelegt, ist sie nicht nur optisch eine Krönung des Ortsbildes; mit 870 m Länge gehört sie zu den besterhaltenen Wehranlagen im ganzen Land (im Sommer Besichtigung möglich).

*Rathaus ❼

Mittelpunkt des historischen Stadtkerns ist der **Weinmarkt,** umrahmt von freskengeschmückten Bürgerhäusern. Über ihn führt der Weg zum **Kornmarkt.** Dort steht das wuchtige Rathaus, zu Beginn des 17. Jhs. unter Einbeziehung eines mittelalterlichen Turms errichtet. Stilistisch stellt es eine gelungene Verbindung von oberitalienischer Renaissance und heimischer Bauweise dar.

Im benachbarten Am-Rhyn-Haus von 1618 kann die kleine, aber exquisite **Picasso-Sammlung** mit Bildern aus seinen letzten Schaffensjahren sowie Fotos, die den Maler zeigen, besichtigt werden (tgl. 10–18 Uhr, Nov. bis März 11–13, 14–16 Uhr).

*Hofkirche ❽

Im Osten der Stadt streckt unübersehbar die Hofkirche ihre beiden gotischen Spitztürme in den Himmel. Sie sind Überrest einer 1633 abgebrannten Basilika. Der stattliche, reich ausgestattete Spätrenaissancebau wird von einem Arkadengang nach der Art italienischer Camposanti (Friedhöfe) umzogen. Am Fuß des Kirchenhügels steht das **Rothenburgerhaus** (um 1500), das älteste als Ganzes erhaltene bürgerliche Holzhaus der Schweiz.

Das Löwendenkmal

Am Löwenplatz

Durch die Löwenstraße kommt man auf den Löwenplatz mit dem populären **Bourbaki-Panorama** ❾. Das rund 1100 m² große Rundgemälde von Edouard Castres, an dem auch der junge Ferdinand Hodler mitgearbeitet hat, zeigt den Übertritt der französischen Ostarmee auf Schweizer Territorium 1871 (tgl. 9–18 Uhr).

Ganz in der Nähe entdeckt man in einer kleinen Anlage das berühmte **Löwendenkmal** ❿. 1821 nach einem Entwurf des dänischen Bildhauers Thorvaldsen geschaffen, erinnert es an den Heldentod der Schweizer Garde Ludwigs XVI. beim Sturm auf die Tuilerien (1792).

Gleich daneben befindet sich der Eingang zum **Gletschergarten.** Nicht nur für Kinder sind die Versteinerungen, Gletscherschliffe und die bis zu 9 m tiefen Strudellöcher interessant (tgl. 9–18 Uhr, Nov.–März 10–17 Uhr).

Infos

Luzern Tourismus,
Bahnhofstraße 3, 6002 Luzern, Tel. 041/227 17 17, Fax 227 17 18; tgl. 8.30–20.30, Nov. bis April bis 18 Uhr; www.luzern.org, E-Mail: luzern@luzern.org

Hotel Château Gütsch, Kanonenstraße, 6003 Luzern, Tel. 041/249 41 00, Fax 249 41 91, www.chateau-guetsch.ch. Märchenhafte Schlossarchitektur, komfortable Suiten, Hotelbar; konventionelle, aber gute Küche. ○○○

❚ **Balm,** Balmstraße 3, 6045 Meggen, Tel. 041/377 11 35, Fax 377 23 83, www.balm.ch. Langgasthof ein paar Kilometer außerhalb Luzerns in ruhiger Lage; das Restaurant bietet neben regionalen Spezialitäten feine Fischgerichte. ○○

❚ **Löwengraben,** Löwengraben 18, 6004 Luzern, Tel. 041/417 12 12, Fax 417 12 11, www.loewengraben.ch. Modernes Hotel in ehemaligem Gefängnis, zwei Restaurants. ○

Campingplatz: Lido, Lidostraße 19, 6006 Luzern, Tel. 041/370 21 46.

Seite 43

Technik zum Anfassen

Seit fast vierzig Jahren ist das ****Verkehrshaus der Schweiz** an der Lidostraße in der östlichen Vorstadt unbestritten das beliebteste Museum bei Schweizer Familien. Unzählige Exponate vermitteln ein lebendiges Bild von der Entwicklung aller Zweige des Verkehrswesens. Und wer möchte nicht gerne einmal im Führerstand einer Gotthardlok stehen oder in einer Coronado Flugkapitän spielen? Im Planetarium kann man kurz die Illusion eines Weltraumfluges genießen (www.verkehrshaus.org; April bis Okt. tgl. 10–18 Uhr, Nov. bis März tgl. 10–17 Uhr). Auf dem Gelände des Museums befindet sich auch das Luzerner IMAX-Filmtheater.

Seite 43

Old Suisse House, Löwenplatz 4, 6000 Luzern, Tel. 041/410 61 71. Vornehme, ausgezeichnete Küche. Di–So. ○○○
▮ **Wirtshaus Galliker,** Schützenstr. 1, 6000 Luzern, Tel. 041/240 10 02. In der stadtbekannten Wirtschaft gibt's Gehaltvolles. Di–Sa. ○

Luzerner Keramik, Handwebereien u. a. gibt es im **Schweizer Heimatwerk,** Franziskanerplatz 14; für ausgefallenes Geschirr und besondere Gläser ist **Cascade,** Bundesstraße 38, die richtige Adresse.

IMAX-Filmtheater, Verkehrshaus der Schweiz (s. S. 45)

Ausflüge

Landhaus Tribschen
Im Landhaus Tribschen am Südrand Luzerns lebte Richard Wagner von 1866 bis 1872. Hier vollendete er seinen »Siegfried« und die »Meistersinger von Nürnberg«. (Mitte März bis Ende Nov. Di–So 10–12, 14–17 Uhr.)

**Pilatus (2129 m)
Der zerklüftete Bergstock mit dem biblischen Namen gilt als einer der besten Aussichtspunkte am nördlichen Alpenrand. Vom Luzerner Nachbarort Kriens führt eine Seilbahn bis unter den Gipfel. Reizvoller ist eine Fahrt von Alpnachstad mit Europas steilster Zahnradbahn zum Pilatus-Kulm.

*Engelberg (1000 m)
Der beliebte Ferienort bietet sehr gute Sportmöglichkeiten von Gleitschirmfliegen bis Skilauf am Titlis (3239 m, Seilbahn). Sehenswert ist das 1120 gegründete Kloster mit seiner üppig ausgestatteten Barockkirche und reichem Klosterschatz (Besichtigung möglich).

****Zürich**

Die heimliche Hauptstadt

Zürich (408 m; 360 000 Einw.), im Schweizer Mittelland auf etwa halbem Weg zwischen Rhein und Alpen gelegen, ist zwar nicht die Hauptstadt, gleichwohl handelt es sich aber um die weitaus größte Stadt der Schweiz und um ihr wirtschaftliches Zentrum. Der Name weckt die Assoziation »Weltstadt«, steht allerdings auch für manches Klischee: Wer denkt dabei nicht an die legendären Nummernkonti und die »Gnome« (Banker), deren Tresore als die sichersten der Welt gelten? Natürlich gibt es neben geschäftlichen auch andere gute Gründe für einen Besuch der Limmatstadt: etwa das Shopping-Paradies der weltberühmten Bahnhofstraße oder die vielen Schlemmerlokale und Kneipen, dann die renommierten Bühnen, interessante Museen – und nicht zuletzt den Zürichsee.

Geschichte

Nachweislich die ersten Bewohner im Bereich des heutigen Stadtgebiets waren Pfahlbauer der Jüngeren Steinzeit. Die Römer bauten auf einem Hügel, dem heutigen Lindenhof, eine Militärstation. In ihrem Schutz entstand der Marktflecken Turicum, dem die Stadt ihren Namen verdankt. 1218 erhielt Zürich die Reichsfreiheit, 1351 trat es der Eidgenossenschaft bei. Im 16. Jh. wurde der Ort durch das Wirken von Huldrych Zwingli (1484–1531) zum Zentrum der Reformationsbewegung in der deutschsprachigen Schweiz. Die Verfassung von 1831 hob die Privilegien der Stadt- gegenüber der Land-

Im Schweizerischen Landesmuseum wird Geschichte lebendig

Hier soll Gottfried Keller oft Gast gewesen sein

bevölkerung weitgehend auf; die Niederlegung der Stadtbefestigung wenig später leitete endgültig die Neuzeit ein.

Rund um den Hauptbahnhof

Als Ausgangspunkt für einen Stadtrundgang bietet sich der vom Verkehr beherrschte **Bahnhofplatz** ❶ an. Auf dem Platz steht – etwas verloren – das Brunnendenkmal für Alfred Escher (1819–1882), den Initiator der Gotthardbahn.

Fußgänger werden hier gerne auf die unterirdische Ladenstadt **Shopville** ausweichen.

Jenseits des Hauptbahnhofs, auf der Landzunge zwischen Limmat und Sihl, liegt das in historisierendem Burgenstil errichtete Gebäude des ****Schweizerischen Landesmuseums** ❷. Es beherbergt die umfassendste Sammlung zur Kultur und Geschichte des Landes. Ausgestellt in über hundert Räumen,

reichen die Bestände von der Urgeschichte bis ins ausgehende 19. Jh. Besonders hervorzuheben sind die prähistorischen Funde und die Dokumente zur Römerkultur in der Schweiz. Aber auch die kirchliche und profane Kunst des Mittelalters verdient Erwähnung. Eine Reihe von Sälen und Zimmern sind komplett im Stil des 15.–18. Jhs. eingerichtet. Die Waffenhalle ist mit den berühmten Fresken von Ferdinand Hodler ge-

Zürcher Prominenz

Bei einem Bummel durch die Altstadt von Zürich begegnet man immer wieder großen Namen: In der Spiegelgasse wohnten Georg Büchner und Wladimir Iljitsch Uljanow, besser bekannt unter dem Namen Lenin. Auch wurde hier 1916 die künstlerische Protestbewegung des Dadaismus gegründet; am Neumarkt (Nr. 27) steht das Geburtshaus von Gottfried Keller (1819 bis 1890). In der **Oepfelchammer,** einem Wirtshaus am Rindermarkt, war er ein oft gesehener Gast. Am Neumarkt wohnte auch Rudolf Brun (gest. 1360), Zürichs erster Bürgermeister.

Seite 50

Seite
50

schmückt. Regelmäßig werden interessante Wechselausstellungen veranstaltet (Di–So 10–17 Uhr).

Vom Bahnhofplatz führt die teilweise autofreie **Bahnhofstraße** zum Bürkliplatz am See. Sie entstand im Wesentlichen in den Jahren 1864 bis 1867 durch Einebnung des Fröschengrabens und der mittelalterlichen Wehranlagen. Heute gilt die Einkaufsmeile als eine der elegantesten Geschäftsstraßen der Welt.

Die Altstadt links der Limmat

Weniger mondän, dafür aber auch nicht so hektisch zeigt sich die nahe Altstadt. Obwohl durch bauliche Eingriffe in ihrer Substanz stark ausgehöhlt, hat sie noch ihre reizvollen Winkel und malerischen Plätze. Ihr höchster Punkt ist der **Lindenhof ❸**. Die abgeflachte Kuppe des Moränenhügels bietet einen schönen Blick auf den östlichen Teil des alten Stadtkerns, die »mehrere Stadt«.

Einen markanten Akzent in der Dächerlandschaft setzt der mächtige, spitzbehelmte Turm von **St. Peter ❹**. Die Kirche erhielt Anfang des 18. Jhs. ihre heutige Gestalt; die Zifferblätter der Turmuhr (1538) sind mit einem Durchmesser von 8,70 m die größten Europas.

Als schönster Platz der Zürcher Altstadt gilt der ***Münsterhof ❺**. An seiner Nordwestecke steht das **Zunfthaus Zur Waag** (1637), die Ostseite wird vom ***Zunfthaus Zur Meise** eingenommen. Der prächtige Rokokobau, 1752–1757 für die Zunft der Weinleute erbaut, beherbergt die umfangreiche **Keramische Sammlung** des Schweizerischen Landesmuseums (Di–So 10.30 bis 17 Uhr).

Die »Zürcher Gnomen«: diskret und erfolgreich

Erfolg ruft rasch Neider auf den Plan, daher verwundert es kaum, wenn den Schweizer Banken – in der weltweiten Konkurrenz Spitze – immer wieder dubiose Geschäftspraktiken nachgesagt werden. Regelmäßig ist von Milliarden die Rede, die exotische Diktatoren in den Tresoren unter dem Paradeplatz verschwinden lassen. Das böse Wort von den »Zürcher Gnomen« (Bankern) macht die Runde. Natürlich haben die Schweizer Banken schon immer die Interessen ihrer Klientel zu schützen gewusst. Dass darunter schwarze Schafe ohne weiße Weste, dafür mit einem verlässlichen Paten sein dürften, ist nicht auszuschließen.

Doch solche Probleme kennt man nicht nur in Zürich, verschwiegene Anleger und diskrete Geldinstitute gibt es auch anderswo. Seine Ausnahmestellung verdankt der Standort vor allem der sprichwörtlichen politischen Stabilität und wirtschaftlicher Stärke. Der Franken ist eine sichere Hartwährung, das Bruttosozialprodukt weltweit unerreicht. Diese Vertrauen erweckende Kontinuität zieht natürlich Kapital an; UBS und CS Group gehören zu den größten Bankhäusern der Welt. Das legendäre Bankgeheimnis könnte allerdings in absehbarer Zeit zumindest etwas löchrig werden – die EU möchte eine Offenlegung des in die Schweiz abgewanderten Kapitals.

Beherrscht wird die Freifläche vom ***Fraumünster** und seinem hohen Spitzturm. Das stattliche Gotteshaus ist im Wesentlichen eine dreischiffige gotische Basilika mit romanischem Chor. Erst in jüngerer Zeit erfuhr die Ausstattung eine bedeutende Bereicherung: die ***Glasmalereien** von Marc Chagall in Chor (1970) und Querschiff (1978).

Tipp Zum **Bürkliplatz** ❻ und zur Quaibrücke locken bei gutem Wetter gleich zwei Attraktionen: der **Flohmarkt** (Sa im Sommerhalbjahr) und ein **Prachtblick** über den See bis zu den firnbedeckten Alpengipfeln.

*Rietberg-Museum ❼

Wer sich für außereuropäische Kunst interessiert, wird auf keinen Fall einen Besuch der Villa Wesendonck (1857) versäumen wollen. Darin ist seit 1952 das Rietberg-Museum eingerichtet. Es präsentiert wertvolle Sammlungen von Kunstwerken aus Asien (vor allem China und Indien), der Südsee und Afrika (Di–So 10–17 Uhr, Mi bis 20 Uhr).

Die Altstadt rechts der Limmat

Schaut man von der Quaibrücke limmatabwärts, so fallen am rechten Flussufer neben dem Großmünster zwei Bauwerke besonders ins Auge: Einmal ist das die gotische, turmlose **Wasserkirche** (1484), nach der Legende an jener Stelle errichtet, an der die Stadtheiligen Felix und Regula den Märtyrertod fanden. Daneben setzt das **Rathaus** einen markanten Akzent, ein wuchtiger Quaderbau der Spätrenaissance (1698). Dahinter breitet sich, gegen den Seilergraben anstei-

gend, die »mehrere Stadt« mit ihren verwinkelten Gassen und hübschen Plätzen aus. Direkt am Limmatquai stehen zwei historische Gebäude, welche die einstmals große soziale Bedeutung der Zürcher Zünfte dokumentieren: **Zunfthaus Zur Saffran** (1723), Versammlungsort der Krämer, und das erkergeschmückte **Zunfthaus Zur Zimmerleuten** (1708).

Seite 50

Wahrzeichen der Stadt ist das ****Großmünster** ❽ mit seinen beiden wuchtigen Türmen. Das evangelische Gotteshaus gehörte vor der Reformation zu einem Chorherrenstift, als dessen Gründer Karl der Große gilt. Eine baldachinbekrönte Statue des Frankenkaisers ziert aus diesem Grund die Südwand des limmatseitigen Turms. Vom **Karlsturm**, auf den man sommers hinaufsteigen kann, hat man einen hübschen Blick auf das umgebende Häusermeer. Die Grundsteinlegung des bestehenden romanischen Baus dürfte um 1100 erfolgt sein; Mitte des 13. Jhs. war das Werk vollendet.

Über dem Hirschengraben – einst Stadtmauer – thronen die Monumentalbauten der **Eidgenössischen Technischen Hochschule** (Graphische Sammlung) und der **Universität** (Zoologisches und Paläontologisches Museum).

**Kunsthaus ❾

Das Kunsthaus am Heimplatz gehört zu den großen Gemäldegalerien der Schweiz. Neben bedeutenden Wechselausstellungen zeigt es seine reichen Sammlungen: Plastiken der Antike und des Mittelalters, mittelalterliche Malerei mit Werken von Hans Asper und dem Nelkenmeister sowie niederländische Gemälde des 17. Jhs. (Rubens, Frans Hals, Rembrandt u. a.). Die schweizerische Malerei des 19./20. Jhs. ist u. a. vertreten durch Arnold Böcklin, Ferdi-

nand Hodler, Cuno Amiet, Felix Vallotton sowie Giovanni Segantini (Di–Do
10–21 Uhr, Fr–So 10–17 Uhr).

Infos

Zürich Tourismus, Tourist Ser-
vice im Hauptbahnhof, 8023 Zü-
rich, Tel. 01/215 40 00, Fax 215 40 44;
April bis Okt. Mo–Sa 8–20.30 Uhr,
So 8.30–18.30 Uhr, Nov. bis März
Mo–Fr 8.30–19 Uhr, Sa 9–18.30 Uhr;
E-Mail: information@zurichtourism.ch.
www.zurichtourism.ch

Flughafen: Zürich-Kloten, 11 km;
S-Bahnverbindung (S 2) ab Hauptbahnhof (Fahrzeit ca. 12 Min.).

Glockenhof, Sihlstraße 31,
8023 Zürich, Tel. 01/225 91 91,
Fax 225 91 92, www.glockenhof.ch.
Gemütliches Haus nahe Bahnhofstraße, idyllisches Gartenrestaurant.
○○○

▌ **Zürcherhof,** Zährigerstraße 21,
8025 Zürich, Tel. 01/269 44 44,

❶ Bahnhofplatz
❷ Schweizerisches
   Landesmuseum
❸ Lindenhof
❹ St. Peter
❺ Münsterhof
❻ Bürkliplatz
❼ Rietberg-Museum
❽ Großmünster
❾ Kunsthaus

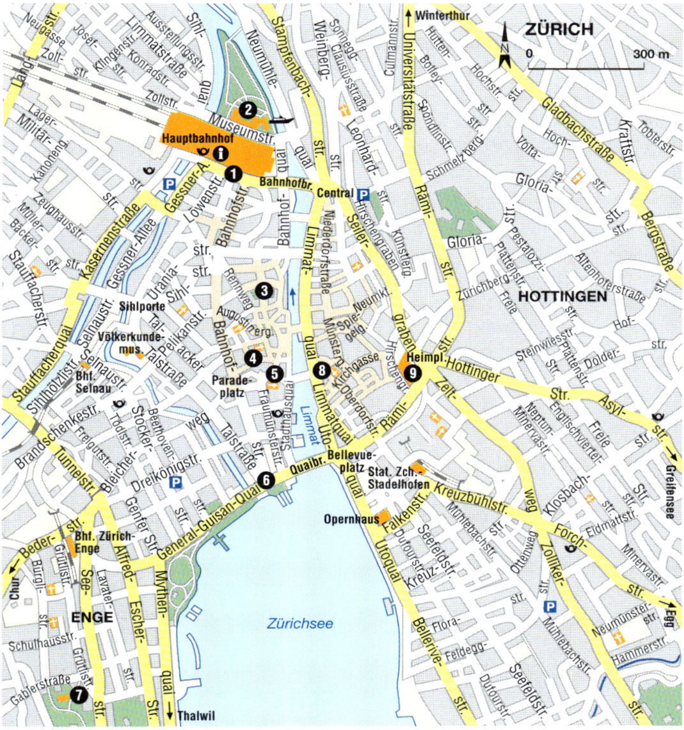

Seite
50

Fax 269 44 45, www.bestwestern.ch/
zuercherhof. Ruhige, zentrale Lage,
(Bustransfer zum Flughafen), bekann-
tes Restaurant. ○○
▌ **Ibis,** Zürichstraße 105, 8134 Adlis-
wil, Tel. 01/711 85 85, Fax 711 85 86,
www.hotelibis.ch. Modernes Hotel
am Stadtrand mit trendigem American
Restaurant Biscayne. ○
▌ **City Backpacker/Biber,** Niederdorf-
str. 5, 8001 Zürich, Tel. 01/251 90 15,
Fax 251 90 24, www.city-backpacker.
ch. Mitten in der Zürcher Altstadt,
Küche zur freien Benutzung, auch
Mehrbettzimmer. ○

Campingplatz: Seebucht, Seestraße
559, 8038 Zürich, Tel. 01/482 16 12.

Zunfthaus Zur Saffran,
Limmatquai 54, 8001 Zürich,
Tel. 01/261 65 65. Stilvoll dinieren
lässt es sich im 1. Stock der Saffran-
zunft. Zunftmenü. ○○
▌ **Hiltl Vegi,** Sihlstraße 28,
8023 Zürich, Tel. 01/227 70 00.
Das vegetarische Restaurant der
Stadt (seit 1898): alles frisch, reiche
Auswahl (Salatbüffet mit 50 haus-
gemachten Sorten). ○○
▌ **Bierhalle Kropf,** In Gassen 16,
8001 Zürich, Tel. 01/221 18 05. Präch-
tiges Jugendstildekor und herzhafte
Mahlzeiten, Spezialität: Kutteln nach
Zürcher Art. Mo–Sa. ○

Kunsterlebnis

Zu Fuß am östlichen Seeufer
entlang, aber auch mit dem Boot
(Abfahrt am Landesmuseum)
erreicht man das Zürichhorn.
Nicht zu übersehen und zu über-
höhnen ist dort die bewegliche
Eisenplastik **Heureka** von Jean
Tinguely (1964).

Einkauf wie früher bei Schwarzenbach

▌ **Blindekuh,** Mühlebachstr. 148,
8001 Zürich, Tel. 01/421 50 50,
www.blindekuh.ch. Essen im Dun-
keln, am Wochenende auch Kultur-
programm – eine besondere Erfahrung. So, Juli/Aug. geschl. ○

Das **Heimatwerk** an der
Rudolf-Brun-Brücke, in der
Bahnhofstraße 2 oder am Renn-
weg 14 bietet stilvolles Schweizer
Kunsthandwerk.
▌ Bei **Schwarzenbach,** Münstergasse
19, gibt es bester Tee und Kaffee.
▌ Schleckermäuler sind bei **Hefti,** dem
»Cartier der Schokoladenbranche«
(Bahnhofstr. 46), oder bei **Sprüngli**
(Bahnhofstr. 67 und in der Shopville
am Bahnhof) gut aufgehoben.
▌ Eine Fundgrube für Ausgefallenes
ist der **Kuriositätenmarkt** auf
dem Rosenhof (Do 11–20 Uhr, Sa
11–17 Uhr).

Neben dem **Opernhaus** und
dem **Schauspielhaus** gibt es
zahlreiche Kleintheater und Bühnen;
der Veranstaltungskalender (wö-
chentlich aktualisiert) steht im Internet unter www.zuerich.com.
▌ Musik von Oldies bis Jazz sowie
Livekonzerte bietet das **Kaufleuten**
(Pelikanstraße 18, Tel. 01/225 33 33).

Seite 69

1

Tour 1

Das steinerne Herz der Eidgenossen

*Schaffhausen → **Zürich → *Schwyz → Andermatt (163 km)

Die mächtige Festung des Munot bewacht Schaffhausens Altstadt

Der klassische Weg in den Süden – ob damit nun das Tessin oder gleich Bella Italia gemeint ist – führt über den St.-Gotthard-Pass bzw. durch den Gotthardtunnel. Entsprechend stark frequentiert ist diese Strecke, und trotz Autobahnen kommt es während der Hauptreisezeit gelegentlich zu unliebsamen Staus. Wer nicht bloß durchfahren, sondern mit offenen Augen und Muße reisen will, weicht besser auf die »langsamen« Kantonsstraßen aus. Denn zu sehen gibt es genug zwischen Rhein und Andermatt, dem alten Passdorf am Nordfuß des St. Gotthard. Und wer den einen oder anderen Abstecher unternimmt, etwa auf den Rigi oder ins malerische Stein am Rhein, sollte mindestens eine Übernachtung einplanen.

*Schaffhausen ❶

Wollte man den Rhein als natürliche Nordgrenze der Schweiz betrachten, so läge Schaffhausen (403 m; 34 000 Einw.) ganz und gar auf der falschen Seite des Stroms. Topographie und Geschichte richteten es aber anders ein: Der Rheinfall zwang die Flussschiffer, hier ihre Waren umzuladen, was die Entstehung einer Siedlung begünstigte. Die Bewohner ihrerseits beschlossen nach dem Schwabenkrieg, dass ihre zukünftige Heimat nur die

Eidgenossenschaft sein könne (1501). Deshalb schaut die mächtige Feste des ***Munot** (16. Jh.) heute auf ein schweizerisches Schaffhausen herab, auf ein belebtes Städtchen mit malerischem Ortskern.

Mittelpunkt der Stadt ist der brunnengeschmückte **Fronwagplatz,** an dem die drei schönsten Straßen ihren Ausgang nehmen: nach Westen die kurze Oberstadt zum Obertor (13. Jh.), nach Norden die Vorstadt mit zahlreichen erkergeschmückten Bürgerhäusern und nach Osten die Vordergasse. An ihr liegen rechter Hand das **Rathaus** (15. Jh.) und das Haus zum Ritter, dessen *****Fassadenmalereien Tobias Stimmer 1568 bis 1570 schuf. Am Münsterplatz steht das romanische ***Münster** (um 1100), eine flach gedeckte Säulenbasilika mit Querhaus und fünfgeschossigem Glockenturm. In den angrenzenden ehemaligen Abteigebäuden ist das **Heimatmuseum zu Allerheiligen** eingerichtet (Di–So 10–12, 14–17 Uhr).

i **Tourist-Service,** im Fronwagturm, 8200 Schaffhausen, Tel. 052/625 51 41, Fax 625 51 43, www.schaffhausen-tourismus.ch; Mo–Fr 10–12, 14–17 Uhr, Juni–Okt. auch Sa 10–12 Uhr. Organisiert auch Stadtrundgänge mit Nachtwächter.

Relais Château Fischerzunft, Rheinquai 8, 8200 Schaffhausen, Tel. 052/632 05 05, Fax 632 05 13, www.fischerzunft.ch. Im alten Zunfthaus (17. Jh.) direkt am Rhein. ○○○

Zur Gerberstube, Bachstr. 8, 8200 Schaffhausen, Tel. 052/ 625 21 55; Di–Sa. Ausgezeichnete italienische Küche in stilvollem Ambiente. ○○

Die kleine Altstadt lädt zum Shopping ein. Bei **Quer** (Krummgasse 17) gibt's trendige Mode, **Zum Scharfen Sultan** (Stadthausgasse 25) hat ein riesiges Gewürzangebot; wer auf modernen Sound steht, sollte bei **Tap Tap** (Webergasse 38) vorbeischauen.

**Rheinfall

Beinahe ein Muss ist der Abstecher zum nahen Rheinfall, der bei Neuhausen in einer Breite von etwa 150 m über eine 20 m hohe Schwelle aus Jurakalk herabstürzt – vor allem zur Zeit der Schneeschmelze in den Alpen ein grandioses Schauspiel. Den besten Überblick hat man vom Schlösschen **Wörth,** wogegen die Aussichtspunkte am linken Ufer näher an die Wassermassen heranführen.

*Stein am Rhein ❷

Per Schiff kann man den Ausflug nach Stein am Rhein (402 m; 2600 Einw.) unternehmen, das knapp 20 km rheinaufwärts am Ausfluss des Untersees liegt. Mit seinen Wehrtürmen und den bemalten Erkerhäusern bietet es das weitgehend intakte Bild eines mittelalterlichen Marktstädtchens. Unmittelbar an das Rheinufer grenzt die

Immer wieder ein faszinierendes Naturschauspiel: der Rheinfall

1526 aufgehobene **Benediktinerabtei St. Georgen,** deren Kirche, eine flach gedeckte Säulerbasilika, aus romanischer Zeit stammt (11. Jh.). Die in spätmittelalterlichem Stil eingerichteten Räumlichkeiten sind als Museum zugänglich und vermitteln einen Eindruck vom damaligen Klosterleben (März bis Okt. Di–So 9–12, 13.30 bis 17 Uhr).

Winterthur ❸

Die Stadt (439 m; 89 000 Einw.), 27 km, in deren Vorort Oberwinterthur bereits eine römische Siedlung bestand, ist eine hochmittelalterliche Neugründung der Kyburger Grafen (12. Jh.). Über Jahrhunderte stand Winterthur ganz im Schatten des übermächtigen Zürich, an das es 1467 gar verpfändet wurde. Mit der beginnenden Industrialisierung erlebte der Ort ab dem 19. Jh. einen stürmischen Aufschwung zum bedeutenden Wirtschaftszentrum.

Seite
69

Das Technorama in Oberwinterthur erklärt, wie das wohl funktioniert

Auf diese Gründerzeit geht auch eine Tradition der Kulturpflege zurück. So kann das **Kunstmuseum** etwa eine üppige Kollektion großer Namen von van Gogh bis Picasso vorweisen, Di 10–20 Uhr, Mi–So 10–17 Uhr).

Noch bemerkenswerter ist die *Sammlung Oskar Reinhart (Am Römerholz): Neben Werken französischer Maler des 19. Jhs. umfasst sie kostbare Gemälde alter Meister (Di bis So 10–17 Uhr).

Der Industriestadt geradezu auf den Leib zugeschnitten ist das *Technorama in Oberwinterthur (Technoramastraße 1, www.technorama.ch). Es präsentiert auf 6500 m² Fläche die größte technisch-historische Sammlung der Schweiz mit über 500 Stationen und Objekten (Di–So 10–17 Uhr).

Winterthur Tourismus, Hauptbahnhof, 8401 Winterthur, Tel. 052/267 67 00, Fax 267 68 58; Mo–Fr 8.30–18.30 Uhr, Sa bis 16 Uhr; E-Mail: tourismus@win.ch, www.winterthur-tourism.ch.

Loge, Oberer Graben 6, 8400 Winterthur, Tel. 052/213 91 21, Fax 213 09 59, www.hotelloge.ch. Elegantes, kleines Haus mit italienischem Flair, Galerie und drei Kinos. ○○○

▌ **Krone,** Marktgasse 49, 8401 Winterthur; Tel. 052/208 18 18, Fax 208 18 20, www.kronewinterthur.ch. Historisches Gebäude in der Altstadt, moderne Zimmer. ○○

▌ **Zum Engel,** Wesenplatz 6, 8416 Flaach, Tel. 052/318 13 03, Fax 318 19 74. Wassersportzentrum. ○

*Zug ❹

Über Zürich (s. S. 46) geht die Fahrt weiter nach Zug (425 m; 24 000 Einw.), 81 km. Die freundliche Hauptstadt des gleichnamigen kleinen Kantons liegt am Nordostufer des 38 km² großen Zuger Sees. Von der Promenade aus hat man eine stimmungsvolle Sicht auf Pilatus und Rigi; dazwischen sind an Föhntagen sogar einige Viertausender der Berner Alpen auszumachen. Mittelpunkt der hübschen Altstadt ist der Kolinplatz mit dem Wahrzeichen des Orts, dem **Zytturm** von 1480 mit seiner astronomischen Uhr. Er ist einer von vier erhaltenen Türmen der mittelalterlichen Stadtmauer. Die im Kern auf das 11. Jh. zurückgehende Burg beherbergt das **Historische Museum,** in dem die unterschiedlichsten Exponate zur regionalen Kulturgeschichte zusammengetragen wurden (Di–Fr 14–17 Uhr, Sa/So 10–12, 14–17 Uhr).

Zug Tourismus, Alpenstr. 14, 6304 Zug, Tel. 041/711 00 78, Fax 710 79 20; Mo–Fr 8.30–18, Sa/So bis 15 Uhr; E-Mail: tourism@zug.ch, www.zug-tourismus.ch.

City-Hotel Ochsen, Kolinplatz 11, 6300 Zug, Tel. 041/729 32 32, Fax 729 32 22, www.ochsen-zug.ch. Schon Goethe nächtigte in dem Haus im historischen Stadtkern! ○○○

Campingplatz: Innere Lorzenallmend, 6300 Zug, Tel. 041/741 84 22.

Hecht am See, Fischmarkt 2, 6300 Zug, Tel. 041/729 81 30, Fax 729 81 47. Bekannt für feine Fischgerichte. Fr–Mi. ○○

Steuern sparen? Gern!

Flächenmäßig ein Zwerg unter den Schweizer Kantonen mit gerade mal 95 000 Einwohnern, ist Zug wirtschaftlich ein Riese: höchstes Pro-Kopf-Einkommen, niedrigster Steuersatz und ein Steuergesetz, das mit Unternehmen – auch wenn sie nur durch Adresse und Briefkasten präsent sind – sehr schonend umgeht. So haben zahlreiche Konzerne ihren Sitz am Zuger See, was dem Kantonssäckel reichen Segen bringt. Entsprechend hat sich das Gesicht des Kleinstädtchens in den letzten Jahrzehnten stark gewandelt: Aus dem verschlafen Provinznest ist eine auf Hochglanz gestylte City geworden. Symbolhaft erhebt sich der Glasturm des Marc Rich, der im internationalen Rohstoffhandel mitmischt. In die Schlagzeilen geriet der erfolgreiche Unternehmer durch seine Auseinandersetzung mit der US-Finanzbehörde. Zu Hause machte er sich u. a. als Sponsor des ebenfalls recht siegesgewohnten Zuger Eishockeyklubs einen Namen.

Goldau ❺

1

Seite 69

Der Ort Goldau (510 m; 4700 Einw.), 97 km, liegt zwischen zwei berühmten Bergen, von denen der eine dem Dorf seit über hundert Jahren guten Verdienst bringt, der andere einmal schwerste Not verursachte: *Rigi (1798 m) und Rossberg (1580 m). Wer mit der Zahnradbahn auf den Aussichtsgipfel hinauffährt, kann am Rossberg die Abbruchstelle jenes Bergsturzes von 1806 nicht übersehen, bei dem 500 Menschen ihr Leben ließen. Für Familien lohnt ein Besuch des Tierparks (März–Okt.).

*Schwyz ❻

Auf der Weiterfahrt bietet sich von der Bernerhöhe (555 m) ein Prachtblick auf die Mythen (1899 m). Am Fuß dieser beiden markanten Felspyramiden liegt Schwyz (517 m; 13 000 Einw.), 108 km, dem die Schweizer Namen und Wappen verdanken. Im Ortsbild fallen einige stattliche Ansitze auf, etwa das **Ital-Reding-Haus** (1609) mit seinen beiden Kuppeltürmchen. Sein Namensgeber war – wie so mancher aus den Urkantonen – als Söldner zu Ruhm und Wohlstand gekommen. Für die meisten allerdings endete der Dienst für fremde Herren im »Heldentod« irgendwo auf einem europäischen Schlachtfeld.

Mittelpunkt des Kantonshauptortes ist der Dorfplatz mit dem freskengeschmückten **Rathaus** (1645). Etwas außerhalb, an der Straße nach Seewen, liegt das **Bundesbriefarchiv,** beliebtes Ziel für Schulausflüge aus dem ganzen Land. Hier werden die für Gründung und Geschichte der Eidgenossenschaft wichtigen Urkunden aufbewahrt, darunter auch der Bundesbrief von 1291 (tgl. 9.30–11.30, 14–17 Uhr).

Seite 69

Sehr beliebt auf dem Vierwaldstätter See sind Fahrten mit dem Raddampfer

Brunnen ❼

Brunnen (439 m; 7500 Einw.), 115 km, zählt zu den beliebtesten Ferienorten am ****Vierwaldstätter See** (S. 42). Von den Quaianlagen aus erkennt man am gegenüberliegenden Ufer den **Schillerstein.** Er ist ein Dank der Schweiz an den großen Dichter, der dem Freiheitshelden Wilhelm Tell zu spätem Ruhm verhalf. Ganz in der Nähe befindet sich die **Rütli-Wiese,** auf der die Mannen von Uri, Schwyz und Unterwalden 1291 ihren »Ewigen Bund« schworen. Hier beginnt bzw. endet auch der »Weg der Schweiz«, ein ca. 35 km langer Wanderweg rund um den Urner See, den die Kantone anlässlich der 700-Jahr-Feier der Eidgenossenschaft gestalteten.

Tipp Im Tellspielhaus von Altdorf findet alle drei Jahre eine Laienaufführung von Schillers **Wilhelm-Tell-Drama** statt (nächste 2004).

Von Brunnen bis Flüelen verläuft die berühmte **Axenstraße.** 1865 eröffnet, führt sie am felsigen Ostufer des Urner Sees – wie das oberste Becken des Vierwaldstätter Sees hier heißt – entlang. In Wassen zweigt nach Westen die vorzüglich ausgebaute ***Susten-Pass-Straße** ab, die Teilstück der großartigen Drei-Pässe-Tour Susten (2224 m) – Grimsel (2165 m) – Furka (2431 m) ist.

Am Fuß des St. Gotthard

Göschenen (1106 m; 700 Einw.), 157 km, liegt unmittelbar am Nordeingang der großen Gotthardtunnels: des nun bereits über hundertjährigen Eisenbahntunnels (15 km) und des 1980 eröffneten Straßentunnels (16,3 km). Oberhalb des Orts verengt sich das Tal zur wilden ***Schöllenenschlucht.** Auf der berühmten Teufelsbrücke überquert man die gischtende Reuss.

Etwas weiter oberhalb ist **Andermatt ❽** (1444 m; 1600 Einw.), 163 km, als »Schneeloch« bekannt (Nov. bis April schneesicher) und ein entsprechend frequentierter Wintersportort.

Tour 2

Das Tor zum Süden

**Andermatt → St.-Gotthard-Pass →
Bellinzona → **Lugano → Chiasso
(136 km)**

*Burgen und Mauern in Bellinzona
zeugen von den Streitigkeiten um die
Stadt im Spätmittelalter*

2

Seite
69

Das Tessin, gemeinhin als »Sonnenstube der Schweiz« bezeichnet, ist
eine der meistbesuchten Ferienregionen des Landes. Die Berg- und Seen-
landschaft mit ihrer subtropischen
Vegetation und einem milden Klima
zieht alljährlich unzählige Urlauber
an. Entsprechend groß ist deshalb oft
das Gedränge in den Urlaubszentren,
auf Zeltplätzen und an den Stränden.
Darüber vergisst man leicht, dass es
auch noch ein anderes Ticino – wie es
auf Italienisch heißt – gibt: jene vom
Wohlstand vergessenen Hochtäler
des Sopra Ceneri, hinter deren pittoresken Fassaden sich die von drohen-
dem Verfall und Abwanderung geprägte Realität verbirgt.

Gerade diese Kontraste sind es, die
den Reiz der Region ausmachen, am
schönsten zu erleben auf der Fahrt
vom Lago Maggiore ins Valle Maggia
oder ins Verzascatal. Mit diesen Ab-
stechern muss man zumindest eine
Übernachtung einplanen, sei es am
See oder inmitten der Granitgipfel.

St.-Gotthard-Pass ❾

Von Andermatt (1444 m) ist der St.-
Gotthard-Pass (2108 m), 12 km, rasch
erreicht. Seine Scheitelregion ist von
eher herber Schönheit. Dafür vermittelt die anschließende Talfahrt prächtige Ausblicke ins Bedrettotal und in
die Leventina. PS-Nostalgiker werden

auf diesem Streckenabschnitt nicht
die moderne, sondern lieber die alte,
in 24 Kehren verlaufende Pass-Straße
durch die Tremola (»Tal des Zitterns«)
nehmen.

Die Leventina

Obwohl durch das beträchtliche Ver-
kehrsaufkommen arg in Mitleiden-
schaft gezogen, ist die Leventina – das
Tal des Ticino zwischen Airolo und Biasca – landschaftlich nicht ohne Reiz.
Auf den Höhen entdeckt man noch
stille Seitentäler; da und dort hat sich
alte Bausubstanz fast geschlossen erhalten. In **Giornico**, 53 km, sollte man
die Fahrt für eine Besichtigung der
*Kirche San Nicolao (um 1100) unter-
brechen. Der Granitbau gilt als bedeutendstes romanisches Gebäude auf
Tessiner Boden.

Bellinzona ❿

Bellinzona, die Hauptstadt des Kantons Tessin (229 m; 18 000 Einw.),
83 km, war aufgrund ihrer strategisch
wichtigen Lage immer wieder Zankap-
fel zwischen Mailänder Adelsge-
schlechtern und den Eidgenossen.

Letztere brachten es schließlich Anfang des 16. Jhs. endgültig in ihren Besitz. Nicht verwunderlich, dass das Stadtbild noch heute von mittelalterlichen ****Wehranlagen** geprägt wird, die zum UNESCO-Weltkulturerbe gehören. Über der lombardisch anmutenden Città thront das **Castelgrande** (älteste Teile 12./13. Jh.) und im Osten das **Castello Montebello** (13./15. Jh.), eine der schönsten Burgen des Landes. Hoch am Berghang liegt das **Castello di Sasso Corbaro** (1479). Alle drei Anlagen beherbergen regional-kulturelle Sammlungen.

i **Bellinzona Turismo,** Palazzo la Posta, 6500 Bellinzona, Tel. 091/825 21 31, Fax 821 41 20; Mo–Fr 8.30–18.30 Uhr, Sa 9–12 Uhr; E-Mail: info@bellinzonaturismo.ch, www.belinzona.ch.

Castelgrande, s. o., 6500 Bellinzona, Tel. 091/826 23 53. Internationale Küche, erlesene Weine im kühn renovierten Schloss; Terrasse. Di–So. ○○○
▌ **Locanda Orico,** Via Orico 13, 6500 Bellinzona, Tel. 091/825 15 18, Fax 825 15 19. Große Auswahl an Tessiner Käsen, feine Desserts. Di–Sa. ○○

**Locarno ⓫

Auf dieser Tour in den Süden führt ein Abstecher an den Lago Maggiore. Hier ist Locarno (197 m; 18 500 Einw.), 20 km ab Bellinzona, Zentrum des Fremdenverkehrs. Das milde Klima und eine bezaubernde Landschaft lockten schon früh sonnenhungrige

Nostalgiefahrt mit echten Pferdestärken am St.-Gotthard-Pass

Nordländer an. Dennoch hat sich der Ort am Nordufer des Lago Maggiore seinen Charme, jenes unverwechselbare Nebeneinander alpin-rustikaler und südländischer Akzente, teilweise zu bewahren vermocht. Mittelpunkt von Locarno ist die lang gestreckte **Piazza Grande,** Schauplatz des alljährlichen Filmfestivals im August. In ihren Arkaden herrscht während der Hauptreisezeit mitunter arges Gedränge. Die Südwestecke der Città Vecchia markiert das **Castello.** Es ist ein stattlicher Überrest der einst gewaltigen Viscontiburg, die 1532 von den Eidgenossen geschleift wurde. Hoch über der Stadt thront auf einer felsigen Anhöhe **Madonna del Sasso** (346 m, 16./17. Jh.), Wallfahrtskirche und beliebter Aussichtspunkt in einem.

i **Ente Turistico Lago Maggiore,** Via Bernardino Luini, 6600 Locarno, Tel. 091/791 00 91, Fax 785 19 41; April–Okt. Mo–Fr 9–18, Sa 10–16, So 10–14 Uhr, Nov.–März Mo–Fr 9.30–12.30, 14–18 Uhr; E-Mail: buongiorno@ maggiore.ch, www.maggiore.ch

Tessiner Attraktionen

Wer das Tessin wirklich kennen lernen möchte, sollte auch die abgelegenen Hochtäler des Sopra Ceneri aufsuchen. Nicht umsonst wird das bei Gordola mündende ***Val Verzasca** als »steiniges Herz des Tessins« bezeichnet: Himmelhoch ragende Talflanken, Felsstürze und karge Wiesen prägen hier das Bild. ***Corippo** (563 m; 9 km von Gordola) gilt als besterhaltenes Tessiner Bergdorf, der gesamte Ort steht unter Denkmalschutz.

2

Seite 69

Seite 69

Das Wahrzeichen Locarnos:
Madonna del Sasso

 Arcadia al Lago, Lungolago
G. Motta, 6600 Locarno,
Tel. 091/756 18 18, Fax 756 18 28,
www.ramada-treff.ch. Hotel am See,
Kinderbetreuung. ○○○
❚ **Mirafiori,** Via al Paco 25, 6644 Lo-
carno-Orselina, Tel. 091/743 18 77,
Fax 743 77 39, www.mirafiori.ch.
Mit Schwimmbad und Garten. ○○
❚ **Centovalli,** 6652 Ponte Brolla
(5 km ab Locarno), Tel. 091/796 14 44,
Fax 796 31 59. Gemütliches Haus,
gute Küche. ○

Campingplatz: Delta,
6600 Locarno, Tel. 091/751 60 81.

Centenario, Lungolago
Motta 17, 6600 Locarno,
Tel. 091/743 82 22. Feinste Küche.
Di–Sa. ○○○
❚ **Osteria Grotto al Capon,** 6645 Brio-
ne sopra Minusio, Tel. 091/743 45 10.
Sympathisches Grotto, Tessiner Spe-
zialitäten. Mi–So. ○○

Jeden Do vormittag **Markt** auf
der Piazza Grande.

*Ascona ⑫

Ascona (197 m; 5000 Einw.), 3 km von
Locarno, war um 1900 noch ein ver-
schlafenes Dorf am See. Aus ihm entwickelte sich zunächst ein Treffpunkt
für Naturapostel, Künstler und Aristo-
kraten. Rund hundert Jahre später
findet der Besucher einen mondänen
Ferienort vor.

Hinter der breiten Uferpromenade
mit ihren Straßencafés verbirgt sich
der malerische Borgo (Stadtkern) mit
einigen beachtenswerten Baudenk-
mälern. Genannt seien etwa die beein-
druckende **Casa Serodine** (Barockfas-
sade von 1620), der Kreuzgang des
Collegio Papio oder die Kirche **Santa
Maria della Misericordia** (Fresken des
15./16. Jhs.).

Tipp Jedes Jahr am Fasnachtsdiens-
tag gibt's in Ascona das große
Risottoessen für jedermann mit Volks-
festambiente – und ganz umsonst!

**Lugano ⑬

Von Locarno erreicht man über die N2
Lugano (273 m; 29 000 Einw.), 112 km,
den Hauptort am Luganer See. Die

Scheitelpunkt

Die N2 von Bellinzona nach Lugano passiert auf halber Strecke
den **Monte Ceneri** (554 m). Er
trennt das Sopra Ceneri (auch
Ticino granito) vom Sotto Ceneri
(auch Ticino barocco). Im Gegensatz zum Sopra Ceneri weist das
Sotto Ceneri, das bis hinunter an
den Luganer See reicht, einen
hügeligen Charakter auf: eine
Voralpenlandschaft mit einigen
markanten Bergstöcken von süd-
ländischem Gepräge, den gängigen Tessin-Klischees näher als
der nördliche Landesteil.

2

Stadt umschließt mit ihren Vororten und der Nachbargemeinde Paradiso eine weite halbkreisförmige Bucht zwischen den Aussichtsbergen Monte Brè und San Salvatore. Der unvergleichliche Liebreiz dieser Kulisse machte den Ort schon in der Frühzeit des Tourismus zum begehrten Reiseziel. Auch das milde Klima mit rund 2000 Sonnenstunden pro Jahr, in dem eine reiche subtropische Vegetation gedeiht, trug als Anreiz für einen Urlaub bei.

Heute kämpft das »niedliche Kleinbild von Neapel«, wie es Heinrich Zschokke vor 150 Jahren nannte, mit wachsendem Straßenverkehr und extremer Zersiedelung. Dennoch: Etwas von dem südländisch-lebensfrohen Ambiente hat sich erhalten, und dies nicht nur in der kleinen Altstadt mit ihren arkadengesäumten Gassen, wie z. B. der Via Pessina und Via Nassa.

Über den Ziegeldächern erhebt sich die Kathedrale **San Lorenzo,** deren *Fassade (1500–1517) als eines der besten Frührenaissancewerke des Tessins gilt. Der gleichen Kulturepoche gehört das monumentale *Passionsfresko (Bernardino Luini, 1529) in der Kirche **Santa Maria degli Angioli** am südlichen Ende der Via Nassa an. Östlich der Altstadt liegt der schattige Parco Civico mit der Villa Ciani und dem darin untergebrachten **Städtischen Kunstmuseum** (Di–So 10–12, 14 bis 18 Uhr), im Gegensatz zu den Quais eine Oase der Ruhe. In der Nähe, an der Via Canova, zeigt das **Museo Cantonale d'Arte,** welches Bild sich Tessiner Maler von ihrer Heimat gemacht haben (Di 14–17 Uhr, Mi–Sa 10–17 Uhr, So 10–18 Uhr).

Auch nach der Verlegung eines Großteils der berühmten Sammlung Thyssen-Bornemisza nach Madrid lohnt sich ein Besuch der **Villa Favorita** (1687) im Vorort Castagnola. In dem 1993 wiedereröffneten Museum ist jetzt amerikanische und europäische Malerei des 19. und 20. Jhs. zu sehen. (April–Oktober Fr–So 10–17 Uhr.)

Tipp Den schönsten Blick auf Lugano und seinen See bietet der **Monte San Salvatore** (912 m), der sich mit der Seilbahn bequem »besteigen« lässt (Talstation Lugano-Paradiso).

i   **Lugano Turismo,** Palazzo Civico, 6901 Lugano, Tel. 091/913 32 32, Fax 922 76 53; E-Mail: info@lugano-tourism.ch, www.lugano-tourism.ch; April–Okt. Mo–Fr 9–18.30, Sa 9–12.30, 13.30–17 Uhr, So 10–15 Uhr, Nov. bis März Mo–Fr 9–12.30, 13.30–17.30 Uhr.

Villa Principe Leopoldo, Via Montalbano 5, 6900 Lugano, Tel. 091/985 88 55, Fax 985 88 25, www.leopoldohotel.com. In herrlicher Lage auf der Collina d'Oro. Indoor-Golf. ○○○

❚ **Deeserto,** Via Tesserete, 6945 Origlio-Carnago, Tel. 091/945 12 16, Fax 945 50 72, www.deserto.ch. Landgasthof (8 km nördlich von Lugano), sehr gute Küche. ○○

Santabbondio, Via Fomelino 10, 6924 Lugano-Sorengo, Tel. 091/993 23 88. Wildgeflügel und köstliche Desserts. Eine der zehn besten Schweizer Gourmet-Adressen. Di–Fr, Sa-Abend. ○○○

❚ **Osteria Ronchetto,** 6949 Comano (4 km nördlich von Lugano). Tel. 091/941 11 55; Gemütlich, einheimische Küche. Di–Sa. ○

**Lago di Lugano ⑭

Mit seiner kuriosen lang gezogenen Form und den Steilufern erinnert der *Ceresio* (271 m; Fläche 48,7 km²) – so nennen ihn die Einheimischen – an

Seite 69

Luganer See und San Salvatore

Seite
69

2

tene *Baptisterium (Taufhaus, um 500), Letzteres ein einzigartiges Zeugnis aus frühchristlicher Zeit.

Mendrisio ⓱

Mendrisio (355 m; 7000 Einw.), 131 km, ist der Hauptort des Mendrisiotto, mit einiger Industrie, aber auch einem sehenswerten alten Stadtkern. Die reizvolle Hügellandschaft bietet viele Ausflugsmöglichkeiten, etwa ins *Valle di Muggio mit seinen winzigen Dörfchen. Bei Chiasso (800 Einw.), 136 km, ist die italienische Grenze erreicht.

den ebenfalls aus mehreren Becken zusammengesetzten Vierwaldstätter See, wenngleich ihm dessen hochalpine Kulisse fehlt.

Stimmungsvoll ist das Erlebnis der See- und Berglandschaft vom Schiff aus. Bei einer Bootsfahrt wird stets auch *Gandria angesteuert. Mit seinen verschachtelten Häusern an den steilen Uferfelsen bietet das Fischerdorf ein malerisches Bild, amüsant ist das kleine Zollmuseum (s. S. 10).

Melide ⓯ (1400 Einw.), 120 km, kann mit einer besonderen Attraktion aufwarten: der Modellanlage Swissminiatur. Sie zeigt die wichtigsten Sehenswürdigkeiten der Schweiz in 25-facher Verkleinerung. Nur 5 km weiter südwestlich liegt **Morcote (272 m; 700 Einw.), überragt von seiner Kirche Santa Maria del Sasso (15./18. Jh.), zu der man über 406 Stufen hinaufsteigt.

Bei **Capolago** (274 m; 600 Einw.), 127 km, ist man – der Name verrät es – an der Südspitze des Ceresio angelangt. Naturliebhabern bietet sich hier ein Abstecher mit der Zahnradbahn auf den »Rigi der Südschweiz«, den **Monte Generoso** (1701 m) an.

Dem Kunstliebhaber hält der Nachbarort **Riva San Vitale** ⓰ zwei Baudenkmäler von hohem Rang bereit: die prächtige Kuppelkirche *Santa Croce (1588–1592) und das gut erhal-

Kunst am Haus auf Appenzeller Art

3

Seite
69

Tour 3

Über den
San Bernardino

**St. Gallen → Vaduz → *Chur
→ Passo del San Bernardino
→ Bellinzona (231 km)**

Neben der Gotthardstrecke ist die San-Bernardino-Route die wichtigste Alpentransversale, dank Scheiteltunnels winterfest. Sie verbindet drei der schönsten Schweizer Landschaften miteinander: den Bodenseeraum, Graubünden und das Tessin. Daraus ergibt sich eine abwechslungsreiche Mischung aus Eindrücken von heiter bis dramatisch: Obstbäume und Reben im Rheintal, wilde Schluchten am Hinterrhein, Eis und Firn über dem Pass und dann – im Misox – ein Hauch des nahen Südens. Da ist ein Tag fast zu wenig, vor allem, wenn man den einen oder anderen Abstecher, etwa ins Bündner Oberland oder nach Arosa, macht.

St. Gallen ⑱

St. Gallen (670 m; 72 000 Einw.), die Hauptstadt des gleichnamigen Kantons, liegt an den Ausläufern der Appenzeller Berge. Seinen Namen verdankt es dem irischen Mönch Gallus, der sich 612 hier niederließ. Aus seiner Klause entwickelte sich das berühmte Kloster, zwischen dem 9. und 11. Jh. eines der bedeutendsten Kulturzentren des Abendlandes.

Von einstiger Prachtentfaltung kündet noch heute die ****Stiftskirche** (1755–1766), neben Einsiedeln der großartigste Barockbau der Schweiz

mit überwältigender Raumwirkung. Hauptsehenswürdigkeit des Klosters ist aber die *****Stiftsbibliothek.** Der über zwei Stockwerke reichende Saal ist ein Juwel des Rokoko (1763); fast könnte man bei so viel Glanz die ausgestellten Kostbarkeiten, etwa den karolingischen Klosterplan von 820, übersehen. Die Stiftsbibliothek besitzt eine der bedeutendsten Handschriftensammlungen der Welt (Oktober Mo–Sa 9–12, 13.30–17, So 10–12, 13.30–16 Uhr, Dezember bis März Mo–Sa 9–12, 13.30–16 Uhr).

Appenzell ⑲

Vom Kanton St. Gallen umschlossen wird Appenzell, einer der kleinsten Teilstaaten der Schweiz, zudem seit der Reformationszeit in die Halbkantone Inner- und Außer-Rhoden geteilt. Hier am Fuß des Säntis scheint die Welt noch in Ordnung: Schmucke Dörfer setzen Akzente im Grün der Wiesen und Wälder, darüber thront der graue Fels des Alpsteinmassivs. Nicht zu vergessen der berühmte Käse, den die Appenzeller bekanntlich »mitsamt em Täller« – gemeint ist auf dem Brot – essen. Und schließlich die urschweizerische Landsgemeinde – Demokratie unter freiem Himmel. Bei einem Ausflug in dieses »Sonntagsland«,

wie Hermann Hesse einmal schrieb, kann man sich ab St. Gallen der Bahn bedienen, was jede unangemessene Eile ausschließt.

Schloss Vaduz

Appenzellerland Tourismus, Hauptgasse 4, 9050 Appenzell, Tel. 071/788 96 41, Fax 788 96 49; www.appenzell.ch; Mo–Fr 9–12, 14–17, Sa bis 16 Uhr.

Säntis, 9050 Appenzell, Tel. 071/788 11 11, Fax 788 11 10, www.romantikhotels.ch. Traditionsreiches Haus am Landsgemeindeplatz, »Landsgemeindestobe« mit regionalen Köstlichkeiten. ○○○

Im Rheintal

Buchs, 67 km, entwickelte sich nach dem Bau der Bahnverbindung Zürich–Innsbruck zu einer wichtigen Grenzstation. Einen malerischen Kontrast zu dem nüchternen Ortsbild setzt das benachbarte, winzige Städtchen *Werdenberg mit dem kleinen Weiher, den spätmittelalterlichen Häusern und dem Schloss (12./15. Jh.). Es gilt als die älteste und besterhaltene Holzbausiedlung der Schweiz.

Vaduz ⑳

Jenseits des Rheins liegt am Fuß der Drei Schwestern (2052 m) Vaduz (5000 Einw.), der Hauptort des Fürstentums Liechtenstein. Überragt wird das Städtchen von seinem Schloss, das der fürstlichen Familie als Wohnsitz dient. Die Geschichte des 160 km²

Nicht nur wegen der kostbaren Bücher ist die Stiftsbibliothek St. Gallen einen Besuch wert

großen Landes (30 000 Einw.) begann mit dem Erwerb der Herrschaften Schellenberg (1699) und Vaduz (1712) durch die Fürsten von Liechtenstein.

Seit 1924 ist der Zwergenstaat mit der Schweiz durch eine Wirtschaftsunion verbunden, das bedeutet keine Zollschranken und Frankenwährung. Selbst drucken lässt das Fürstentum hingegen seine eigenen Briefmarken, ein höchst einträgliches Geschäft. So verwundert es kaum, dass das **Briefmarkenmuseum** im Engländerbau eine beliebte Anlaufstelle ist. Einen Akzent im Ortsbild setzt der Kubus des **Kunstmuseums Liechtenstein,** in dem neben den fürstlichen Sammlungen auch Wechselausstellungen gezeigt werden (Di–So 10–17, Do bis 20 Uhr).

Liechtenstein Tourismus, Städtle 37, FL-9490 Vaduz, Tel. 0 04 23/239 63 00, Fax 239 63 01; www.tourismus.li; Mo–Fr 8–12, 13.30–17.30 Uhr, Sa/So 10–12, 13.30–16 Uhr.

*Chur ㉑

Ein Blick auf die Landkarte verdeutlicht die Schlüsselstellung Churs (585 m; 33 000 Einw.), 110 km, als Tor zur Bündner Bergwelt. Die Geschichte der ältesten Schweizer Siedlung reicht

3
Seite 69

5000 Jahre zurück bis in die Jungsteinzeit. Sind es heute vor allem Touristen auf dem Weg ins »Land der 150 Täler«, die in Chur Station machen, so hatten frühere Besucher nicht immer harmlose Absichten. Römische Feldherren, deutsche Kaiser, Fürstbischöfe, Habsburger und Franzosen suchten die wichtigen Passwege nach Italien in ihren Besitz zu bringen.

Über der kleinen, verwinkelten Altstadt thront der mächtige Komplex des **Bischöflichen Hofs** und der ***Kathedrale,** ein spätromanisches Bauwerk mit hervorragender Plastik. Das **Dommuseum** birgt den Kirchenschatz (Besichtigung auf Voranmeldung unter Tel. 252 92 50).

Das **Kunstmuseum** am Postplatz zeigt in erster Linie Werke von Bündner Künstlern darunter Augusto und Alberto Giacometti (Di–Sa 10–12, 13.30–17, So 10–17 Uhr). Das **Bündner Naturmuseum** an der Masanser Straße dokumentiert in einer lebendigen Schau Flora und Fauna, Geologie und Mineralien der Bergwelt (Di–So 10–12, 14–17 Uhr).

ℹ️ Chur Tourismus, Grabenstraße 5, 7002 Chur, Tel. 081/252 18 18, Fax 252 90 76; E-Mail: info@churtourism.ch, www.churtourismus.ch; Mo 13.30–18, Di–Fr 8.30–12, 13.30–18, Sa 9–12 Uhr.

🏠 Duc de Rohan, Masanser Straße 44, 7000 Chur, Tel. 081/252 10 22, Fax 252 45 37, www.ducderohan.ch. Fitnessklub und Hallenbad, Restaurant mit Gartenterrasse. ○○○

▮ Stern, Reichsgasse 11, 7000 Chur, Tel. 081/252 35 55, Fax 252 19 15, www.stern-chur.ch. Gemütliches Hotel am Rand der Altstadt. ○○

Campingplatz: Obere Au, 7000 Chur, Tel. 081/284 22 83.

🍴 Zum Kornplatz, Kornplatz 1, 7000 Chur, Tel. 081/252 27 59. Bekannter Treff für Jung und Alt. Feine Küche mit bündnerischem Einschlag. Di–Sa. ○○

Ausflüge von Chur

Zur Kantonshauptstadt hin öffnet sich von Osten das tief eingeschnittene Tal der Plessur, durch das Bahn und Straße in zahllosen Kurven zum Kurort ***Arosa** (1750 m), 29 km, ansteigen. Das Hoteldorf im innersten Schanfigg zählt zu den traditionsreichsten Touristenorten Graubündens.

Westlich von Chur markiert ein anderer Ferienort den Eingang ins Bündner Oberland: ***Flims ㉒** (1103 m), 20 km ab Chur, mit seiner »Weißen Arena«, einem ausgedehnten Skigebiet zwischen Vorab (3028 m) und Flimserstein. Das Dorf selbst liegt auf dem nacheiszeitlichen Bergsturzgelände, durch dessen Schutt- und Geröllmassen der Vorderrhein im Lauf der Jahrtausende die ***Rheinschlucht** (Ruinaulta) gegraben hat – die größte Klamm des Landes.

Am Zusammenfluss von Medelser und Vorderrhein liegt **Disentis** (1150 m), 60 km von Chur. Es ist Ausgangspunkt zweier Passwege: Westlich über Sedrun zum Oberalppass (2044 m; bis nach Andermatt 32 km), südlich durch das unwirtliche Val Medel bergan zum Lukmanier (1916 m). Dahinter geht's hinab ins ***Val Blenio:** eine Alternative zur stark frequentierten San-Bernardino-Route (Chur–Disentis–Biasca 120 km).

🏠 Oberalp, 7188 Sedrun, Tel. 081/949 11 55, Fax 949 19 94, www.hotel-oberalp.ch. Kinderfreundliches Sporthotel, Freibad, Gartenrestaurant. ○○

3

Seite 69

Tosende Wasser, klamme Felsen: die Via Mala

**Via Mala ㉓

Auf der San-Bernardino-Route verengt sich das Tal des Hinterrheins unvermittelt zu einer wilden Schlucht, die einst Wegebauer vor schier unlösbare Probleme stellte: Nicht ohne Grund heißt die Klamm *Via Mala*, »schlechter Weg«. Wer heute auf der modernen N 13 durchfährt, bekommt wegen der vielen Tunnels von der beklemmenden Enge kaum etwas mit. Von der alten Kantonsstraße dagegen führt ein steiler Treppenweg in den düsteren, von gischtenden Wassern durchströmten Schlund, von Stegen aus lassen sich die Wassermassen gefahrlos beobachten (am Parkplatz mit Kiosk hinter der ersten Brücke).

Tipp Den schönsten Zugang zur Via Mala vermittelt der neu angelegte, abwechslungsreiche **Kulturweg** ab Thusis zur inneren Via Mala (2,5 Std.). Infos beim Verkehrsverein Thusis, Tel. 081/651 11 34.

Zillis ㉔

In Zillis (945 m), 142 km, empfiehlt sich eine Fahrtunterbrechung zum Besuch der **Martinskirche** (12. Jh.; Chor von 1509). Sie bewahrt eine aus 153 Feldern bestehende ***Holzdecke mit farbigen Darstellungen aus dem Leben Christi. Am Postplatz informiert eine Ausstellung über die Geschichte der Decke (April–Okt. tgl. 9–11.30 und 13–17 Uhr).

Über den San Bernardino

Ab Splügen schraubt sich die alte Kantonsstraße weiter hinauf zum Passo del San Bernardino (2065 m), 178 km, der Wasserscheide zwischen Rhein und Po. Bei **Mesocco** ㉕ (769 m; 1100 Einw.), 200 km, künden erste Edelkastanienbäume vom nahen Süden. Das Misox *(Val Mesolcina)* ist eines der drei italienischsprachigen Täler Graubündens. Im Mittelalter herrschten hier die Herren von Sax-Misox; die Ruine ihrer gewaltigen Feste thront auf einer Anhöhe zwischen Mesocco und Soazza.

Nach Roveredo, 221 km, überquert man die Grenze zum Kanton Tessin und erreicht Bellinzona (s. S. 57), 231 km.

3

Seite **69**

Weinprobe

Im Bündner Rheintal wird auch Wein angebaut, vorwiegend Blauburgunder. Eine gute Adresse für Weinbeißer in Chur ist das **Hotel-Restaurant Weisskreuz,** wo es auch einen riesigen alten Torkel zu bewundern gibt (Malans, Tel. 081/322 81 61, www.weisskreuz.com. ○–○○○).

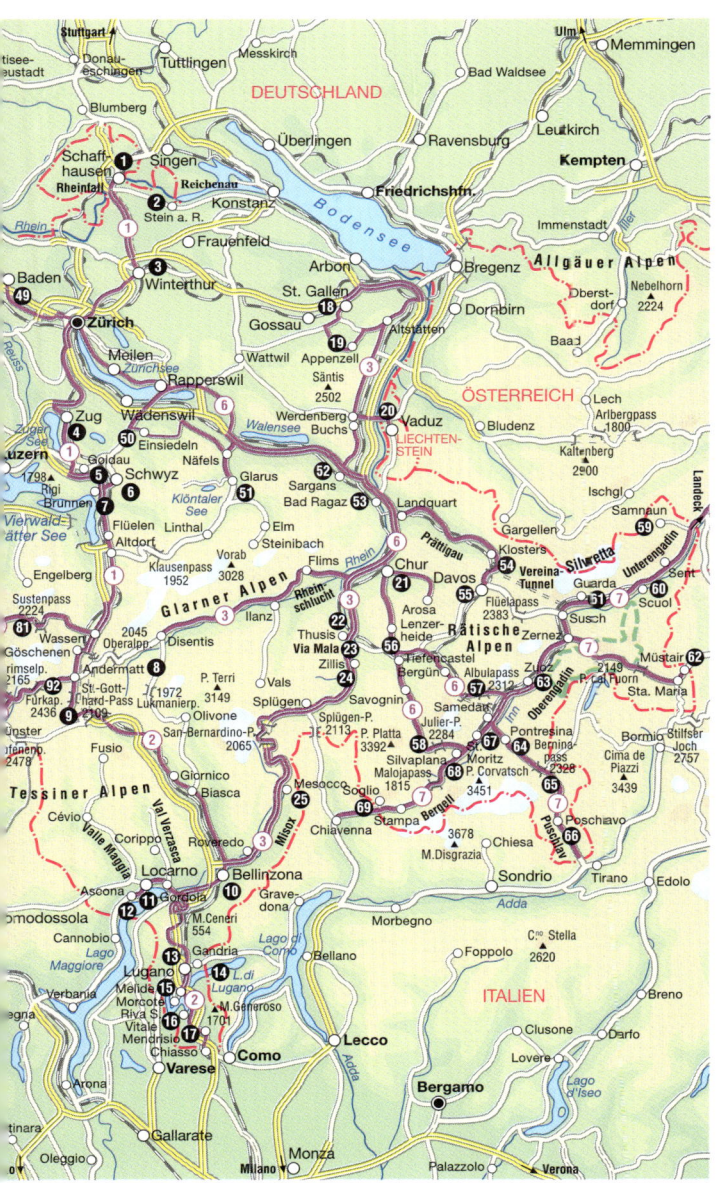

3

Tour 4

Über den »Röschtigraben«

**Basel → *Solothurn → Bern →
**Fribourg → *Montreux → *Col
du Grand St-Bernard (292 km)**

Diese Route führt durch die drei
großen Landschaften der Schweiz:
über den Basler Jura, quer durch das
Mittelland und bis mitten ins Hochgebirge, vom Rheinknie zu den firn-
glitzernden Viertausendern der Walliser Alpen. Am Weg liegen malerische
Kleinstädte wie Solothurn, Murten
und Fribourg. Zahlreiche Burgen künden vom wechselhaften Schicksal
dieser Region an der Nahtstelle zwischen Deutsch und Welsch, heute
liebevoll-spöttisch nach dem Nationalgericht »Röschtigraben« genannt.
Fast schade, diese Strecke an einem
einzigen Tag zu durchfahren.

Basel-Land

Liestal (327 m; 15 000 Einw.), 15 km
von Basel (s. S. 29), ist der Hauptort
des Halbkantons Basel-Land, der sich
1833 nach bürgerkriegsähnlichen Wirren von der Stadt trennte. Von hier
fährt man über Waldenburg hinauf
zum **Oberen Hauenstein** (731 m),
33 km, einem uralten, bereits unter
den Römern ausgebauten Juraüber-
gang.

Tipp In Murgenthal zwischen Rothrist
und Langenthal bietet der **Out-
letpark Switzerland** günstig Kleidung
namhafter Marken an (Mo–Fr 14 bis
20 Uhr, Sa 9–17 Uhr).

*Solothurn ㉖

Erste Siedlungsspuren im heutigen
Stadtgebiet von Solothurn (439 m;
16 000 Einw.), 62 km, gehen auf das
Mesolithikum zurück.

Wahrzeichen der »Ambassadoren-
stadt« ist die **St.-Ursen-Kathedrale**
(1762–1773). Das Hauptwerk des
schweizerischen Frühklassizismus fügt
sich trotz seiner beachtlichen Ausmaße als Abschluss der Hauptgasse überraschend gut ins Ortsbild ein. In dem
vom Barock geprägten Stadtkern fallen
weitere Bauten auf: der **Zeitglocken-
turm** (12. Jh.) mit seiner astronomischen
Uhr (15./16. Jh.), die **Jesuitenkirche**
(1680–1689), deren üppiger Stuck von
Tessiner Künstlern geschaffen wurde,
und das im Kern gotische **Rathaus**
(15./17. Jh.). Beeindruckend ist auch
der mächtige Bau des alten **Zeughau-
ses** (1610–1614) mit seiner großen
Waffen- und Uniformsammlung.

Das **Historische Museum** im
Schloss Blumenstein stellt die Wohnkultur des 18. Jhs. vor (Di–Sa 14 bis
17 Uhr, So 10–17 Uhr). Das **Kunstmuseum** zeigt Arbeiten von Schweizer
Künstlern des 19./20. Jhs. (Di–Fr 10 bis
12, 14–17 Uhr, Sa/So 10–17 Uhr).

Krone, Hauptgasse 64,
4500 Solothurn, Tel. 032/
626 44 44, Fax 626 44 45, www.
hotelkrone-solothurn.ch. Traditionsreiches Haus in der Altstadt. ○○○
Baseltor, Hauptgasse 79,
4500 Solothurn, Tel. 032/622 34 22,
Fax 622 18 79, www.baseltor.ch.
Kleines, umweltfreundliches Haus,
Restaurant. ○○

Zum alten Stephan, Friedhof-
platz 10, 4500 Solothurn,
Tel. 032/622 11 09, Fax 623 70 60.
Beliebte Beiz mit »Narrenstübli« im
1. Stock. Di–Sa. ○○

Abstecher ins *Emmental

Auf der Weiterfahrt nach Bern bietet sich ein »Seitensprung« ins Emmental an. Die Hügellandschaft beiderseits der Emme mit ihren behäbigen Dörfern und stattlichen Bauernhäusern ist eine Bilderbuchidylle. Am Taleingang liegt **Burgdorf ㉗** (15 500 Einw.), überragt von seinem mächtigen Schloss (12. Jh.), einst Sitz der Berner Vögte, heute des Museums für Volkskunst.

Bevor man ihn essen darf, muss er erst reifen: der Emmentaler

 Für Käseinteressierte: **Schaukäserei** in Affoltern (s. S. 10).

 Hirschen, 3550 Langnau im Emmental, Tel. 034/402 15 17, Fax 402 56 23, www.hotel-hirschen. ch. Traditionsreiches Hotel in schönem Emmentaler Haus, gepflegte Küche, edle Weine. ○○

*Murten ㉘

Über Bern (s. S. 34) geht es weiter nach Murten (4600 Einw.), 124 km. Der Ort liegt auf einer kleinen Anhöhe am Südostufer des gleichnamigen Sees. Beim Anblick des mauer-umgürteten Städtchens und seines **Schlosses** fühlt man sich in vergangene Zeiten zurückversetzt. Besonders reizvoll ist der Blick durch die Hauptgasse mit ihren Laubenhäusern auf das trutzige **Berntor** (18. Jh.). Im Pfarrhaus wurde der Schriftsteller Jeremias Gotthelf (1797–1854) geboren. Auf dem See zieht der mächtige Kubus von Jean Nouvel alle Blicke auf sich, innen das Panorama der Schlacht von Murten.

**Fribourg/Freiburg ㉙

Fribourg (629 m; 35 000 Einw.), 141 km, Hauptstadt des gleichnamigen, über-

wiegend französischsprachigen Kantons, ist wie Bern eine Gründung der Zähringer (1157). Historisch stand es meist im Schatten des mächtigeren Nachbarn. So verwundert es kaum, dass zwischen beiden Städten nie ein freundschaftliches Verhältnis entstand, auch nicht nach dem Beitritt Fribourgs zur Eidgenossenschaft im Jahre 1481.

4

Seite
68

 Einen stimmungsvollen Blick auf den historischen Stadtkern hat man von der Zähringerbrücke.

Das Stadtbild wird von der gotischen ***Kathedrale St. Nikolaus** dominiert. Zwischen 1283 und 1490 errichtet, wurde der monumentale Bau später um die Seitenkapellen erweitert und 1627 bis 1631 mit einem neuen Chor (in gotischen Formen!) versehen. Die dreischiffige Pfeilerbasilika, deren mächtigen, 76 m hohen Frontturm man über eine Wendeltreppe besteigen kann, besitzt reiche Bauplastik.

Von der kostbaren Ausstattung verdienen die spätgotische *Grablegung (1433), das Chorgestühl und Chorgitter (1466) sowie die Jugendstil-Glasfenster des polnischen Künstlers Jozef Mehoffer besondere Erwähnung. Auf der Orgel soll auch schon Franz Liszt gespielt haben.

Überragt wird Fribourg vom Turm der Kathedrale

4

Seite 68

Die mauerumgürtete Siedlung wuchs bereits im 13. Jh. über die natürlichen Schutz bietende Saane-Halbinsel hinaus. Noch stark mittelalterliche Züge tragen die Viertel *Bourg* (Burg) und *Auge* (Au), wie man bei einem Bummel durch die engen Gassen feststellen kann. Die Westecke des ältesten Siedlungsgeviers markiert das **Rathaus.**

Auf dem Rathausplatz stand bis 1981 die legendäre **Murtenlinde,** die nach der Volksmeinung jenem Zweig entspross, den am 22. Juni 1476 ein Meldeläufer zum Zeichen des Sieges über Karl den Kühnen von Murten – dem Schauplatz der Schlacht – nach Fribourg brachte. Der erschöpfte Bote soll dann tot zusammengebrochen sein. Der im Dunst der Abgase bereits arg kränkelnden Linde versetzte fünf Jahrhunderte später ein Autofahrer den Gnadenstoß.

Ganz in der Nähe erhebt sich die im Kern gotische **Eglise des Cordéliers** (Franziskanerkirche). Sie bewahrt einige hervorragende Ausstattungsstücke: Der *Aufsatz des Nelkenmeisteraltars ist ein Hauptwerk der Schweizer Malerei des 15. Jhs., das Chorgestühl eines der ältesten im ganzen Land

(1280). Von der Kirche sind es nur wenige Schritte zur Villa Ratzé, einem eleganten Renaissancebau von 1585. Hier zeigt das **Musée d'Art et d'Histoire** u. a. Kunstwerke aus neun Jahrhunderten (Di–So 11–18, Do bis 20 Uhr).

Der **Espace Jean Tinguely – Niki de Saint Phalle** erinnert an den bekannten Freiburger Künstler (Mi–So 11–18, Do bis 20 Uhr).

ℹ **Office du Tourisme,** Avenue de la Gare 1, 1701 Fribourg, Tel. 026/321 31 75, Fax 322 35 27; E-Mail: info@fribourgtourism.ch, www.fribourgtourism.ch; Mo–Fr 9 bis 18 Uhr, Sa 9–15 Uhr (im Winter Sa nur bis 12.30 Uhr).

🏠 **Duc Bertold,** Rue des Bouchers 5, 1700 Fribourg, Tel. 026/350 81 00, Fax 350 81 81, www.hotelducberthold.ch. In der Altstadt, mit Schwimmbad; sehr gute Küche. ○○○
▌ **De la Rose,** Rue de Morat 1, 1701 Fribourg, Tel. 026/351 01 01, Fax 351 01 00, www.hotelrose.com. Zentral gelegenes Hotel mit familiärer Atmosphäre. ○○

Campingplatz: La Follaz, 1723 Marly, Tel. 026/436 24 95. 5 km südlich der Stadt.

🍴 **Du Grand Pont,** Route de Bourguillon 2, 1700 Fribourg, Tel. 026/481 32 48, Fax 481 54 44. Von der Terrasse über der Saane schaut man auf viele alte Mauern, was auf den Tisch kommt, ist aber stets frisch. Feine Weine der Region. Do–Di, So-Abend geschlossen. ○○
▌ **Schild,** Place Supérieure 21, 1700 Fribourg, Tel. 026/322 42 25. Kreative internationale Küche, hervorragende Auswahl regionaler Käse. Mo, Di Ruhetag. ○○

Ausflüge von **Fribourg

Die weitere Umgebung hält viel Sehenswertes bereit. Auf den Spuren der Römer wandeln kann man in **Avenches** ③⓪ (2000 Einw.), 14 km von Fribourg. Vom antiken Aventicum, einst Hauptstadt Helvetiens, sind noch beachtliche Reste erhalten, u. a. ein Amphitheater (tgl. 9–12, 13 bis 17 Uhr), das heute für Freiluftveranstaltungen (Oper, Rockkonzerte) genutzt wird. Ebenfalls in der Waadtländer Nachbarschaft, 20 km westlich, liegt **Payerne** (7000 Einw.), dessen ehemalige *Abteikirche (10./12. Jh.) mit ihrem lichten Innenraum zu den bedeutendsten romanischen Sakralbauten der Schweiz gehört.

Das *Greyerzerland

Wenige Kilometer südlich von Fribourg, am Eingang ins Greyerzerland, versteckt sich in einer Fluss-Schleife der Saane die **Abtei Hauterive,** 1138 gegründet. Ihre *Kirche ist typisch für die Zisterzienserarchitektur des 12. Jhs. Doch die freundliche Voralpenlandschaft am Oberlauf der Saane, belebt durch den fjordartigen Stausee Lac de la Gruyère, hat noch mehr Sehenswertes zu bieten: z. B. das altertümliche Städtchen **Gruyères** ③① oder **Bulle,** 166 km, den Hauptort der Region mit einem savoyischen Schloss. Außerdem ist hier das Musée Gruérien zu finden (Di–Sa 10–12, 14 bis 17 Uhr, So 14–17 Uhr).

Tipp Feinschmecker denken beim Stichwort »Greyerz« vor allem an den rassigen Käse der Region: den Gruyère. In die Geheimnisse seiner Herstellung wird man in der **Schaukäserei** von Pringy direkt bei Gruyères eingeweiht.

In Vevey verbrachte Charlie Chaplin seinen Lebensabend

Seite 68

*Vevey ③②

Vevey (386 m; 16 000 Einw.), 198 km, erfreut sich einer prächtigen Lage am Nordufer des Genfer Sees. Die berühmten Weinberge der Lavaux umrahmen den belebten Ort, wo auch Charlie Chaplin seinen Lebensabend verbrachte. Dominierend im Ortsbild ist das riesige Verwaltungsgebäude des Lebensmittelkorzerns Nestlé (s. S. 74).

Die Urlauber interessieren sich in der Regel eher für die bezaubernde Landschaft und die feinen Weißweine. Beides kann man an einem der Aussichtspunkte über dem Städtchen sehr gut genießen, etwa auf dem **Mont Pèlerin** (810 m; Straße, Standseilbahn) oder den **Pleiades** (1360 m; Zahnradbahn).

Tipp Eisenbahn-Nostalgiker sollten den Pleiades-Ausflug mit einem Besuch der **Museumsbahn** in Blonay (Mai–Okt. Sa und So) verbinden.

*Montreux ㉝

Mittelpunkt des berühmten Erholungsgebietes der sog. »Waadtländer Riviera« ist Montreux (395 m; 20 000 Einw.), 205 km. Das Ortsbild ist eine Mischung aus Alt und Neu: Die modernen Baukonstruktionen von Kongresszentrum und Kasino bilden einen eigenwilligen Kontrast zu den Hotelpalästen des 19. Jhs., über denen noch ein Hauch von Hautevolee schwebt. Aus jener »guten alten Zeit« stammt auch die Zahnradbahn auf die *Rochers de Naye (2042 m), deren Gipfel nicht nur einen Alpengarten, sondern auch ein herrliches Gebirgspanorama bietet.

4

Seite 68

Tipp Überregional bekannt ist das **Jazzfestival,** das jährlich im Juli und August stattfindet und die Hotelbetten knapp werden lässt.

i **Montreux Tourisme,** Rue du Théâtre 5, 1820 Montreux, Tel. 021/ 962 84 84, Fax 963 78 95;

E-Mail: tourism@montreux.ch, www.montreux-vevey.com; Mo–Fr 8.30–17.30 Uhr, Sa/So 10–15 Uhr, in der Hochsaison tgl. 8.30–19 Uhr.

Palace Hotel, Grand-Rue 100, 1820 Montreux, Tel. 021/ 962 12 12, Fax 962 17 17, www.montreux-palace.com. Luxus; die Zimmer sind im Stil der Belle Époque eingerichtet. ○○○

Auberge de la Cergniaulaz-Orgevaux, Les Avants (8 km von Montreux), Tel. 021/964 42 76. Bodenständige Gerichte mit frischen Zutaten. Mi–So. ○○

*Schloss Chillon ㉞

Die wehrhafte Feste kurz nach Montreux thront auf einem ufernahen Felsen; sie geht im Kern auf das 10. Jh. zurück, wurde aber vor allem unter Peter II. von Savoyen stark ausgebaut. 1536 eroberten die Berner Chillon.

Süßer Erfolg: Nestlé

Angefangen hat alles – wie es sich für das Bauernland Schweiz gehört – mit der Milch. Im Jahr 1867 begann Henri Nestlé (1814–1890) in Vevey mit der Herstellung von Milchpulver. 1905 fusionierte das aufstrebende Unternehmen mit seinem bis dato härtesten Konkurrenten, der »Anglo Swiss Condensed Milk Company« – die Basis für die internationale Führungsrolle des Nahrungsmittelmagnaten war somit geschaffen. Es folgte das ertragreiche Geschäft mit der Schokolade und der Zusammenschluss mit den Firmen Peter, Cailler und Kohler. Schließlich gelang der große Coup: Nescafé. Der Aufstieg des Konzerns war nun nicht mehr zu stoppen. Immer mehr Produkte und Firmen – darunter Maggi und Findus – wurden einverleibt, der Sprung über den Atlantik vollzogen. Heute ist Nestlé eines der weltgrößten Unternehmen seiner Art mit einem Jahresumsatz von über 70 Milliarden Franken. Der Firmensitz Vevey verdankt dem Konzern das **Alimentarium,** ein interessantes Museum zur Geschichte der Ernährung und der Nahrungsmittelproduktion.

*Eine Burg wie aus dem Bilderbuch:
Schloss Chillon am Genfer See*

Tipp Viel Spaß bieten die Erlebnis-
parks am oberen Ende des Lac
Léman: **Swiss Vapeur**, **Aquaparc** in Le
Bouveret und das **Labyrinthe Aven-
ture** in Evionnaz.

St-Maurice ㉟

An der einst befestigten Pforte zum
»größten Tal der Schweiz«, dem
**Wallis, liegt St-Maurice, 233 km.
Nach der Legende erlitten hier um
300 n. Chr. die Soldaten der Thebäi-
schen Legion mit ihrem Anführer, dem
hl. Mauritius, das Martyrium. Ihnen zu
Ehren gründete der Burgunderkönig
Sigismund die **Abtei**, die lange Hoch-
burg der Christenheit war. Einzigartige
Kunstwerke bewahrt ihre kleine
*Schatzkammer (Führungen).

Martigny ㊱

Unweit der Drancemündung am großen Rhoneknie liegt Martigny (477 m;
14 000 Einw.), 247 km. An seine römische Vergangenheit erinnern die Reste
eines **Amphitheaters,** das einst rund
6000 Zuschauern Platz bot. Der Ort ist
Ausgangspunkt wichtiger Passwege.
Einer führt über den Col de la Forclaz
(1527 m) nach Chamonix (46 km), ein
zweiter zum Col du Grand St-Bernard.

*Über den Großen St. Bernhard zogen
schon die Römer*

4

*Col du Grand St-Bernard ㊲

Seite
68

Die Pass-Straße (nur im Sommer offen) über den Großen St. Bernhard
(2469 m), 292 km, verbindet das Unterwallis mit dem Aostatal. In dem
Hospiz auf der Passhöhe, in dem
heute noch Augustinermönche leben,
ist ein kleines Museum eingerichtet.

Geschichtsträchtig

Der **Große St.-Bernhard-Pass** ist
ein seit vielen Jahrhunderten ge-
nutzter Alpenübergang: Der Weg
wurde einst von den Kelten und
den Römern eingeschlagen, im
Mittelalter nahmen deutsche
Könige diese Route nach Rom.
Hier oben, in einsamer Lage und
kargster Umgebung, gründete
im 11. Jh. der hl. Bernhard von
Menthon das Hospiz, in dem die
Reisenden Aufnahme fanden. Die
Brüder sind es auch, die die legendären Bernhardiner züchten.

Tour 5

Vom Rhein zum Genfer See

Basel → *Biel → *Neuchâtel → *Lausanne → Genf (257 km)

Auf diesem Weg vom Rhein zur Rhone lernt man zwei der drei großen Schweizer Landschaften kennen: den Jura und das Mittelland. Während das uralte Faltengebirge mit seinen ausgedehnten Wäldern und tief eingerissenen Schluchten eher herb-melancholische Züge trägt, zeigt sich das westliche Mittelland, dessen Bild von den großen Seen entscheidend geprägt wird, heiter-beschwingt – eben typisch »welsch«. In diesem Gegensatz liegt ein besonderer Reiz, der zusammen mit den vielen historischen Reminiszenzen und kulturellen Sehenswürdigkeiten ein abwechslungsreiches Menü ergibt. Ein Tag reicht für die Strecke nicht, dazu gibt es einfach zu viel zu sehen.

Brückenkopf am Doubs: das Städtchen St-Ursanne

Durch den *Jura über La Chaux-de-Fonds

Die Strecke durch den Jura über die Franches Montagnes, La Chaux-de-Fonds und die Vue des Alpes bis Neuchâtel (100 km) ist empfehlenswert. Mit bedacht ist dabei der kleine Umweg über ***St-Ursanne** ㊴. Das Brückenstädtchen am Doubs bezaubert mit seinem verträumten Ortsbild jeden Besucher. Die Stiftskirche, eine romanische Basilika, besitzt ein reich skulptiertes Portal, das wohl der Galluspforte am Basler Münster nachempfunden ist.

Saignelégier (982 m; 1800 Einw.) ist das Zentrum der in den Franches Montagnes (Freiberge) betriebenen Pferdezucht. Auf dem weiten Plateau südlich des Doubs, der hier die Grenze zu Frankreich bildet, lassen sich reizvolle Wanderungen, im Winter auch mit Langlaufskiern, unternehmen.

Delémont/Delsberg ㊳

Einen ersten Halt auf der Tour sollte man in Delémont/Delsberg (432 m; 12 000 Einw.), 40 km, einlegen. Der Hauptort des Kantons Jura mit seinem fast rechteckigen Grundriss wird optisch von dem **Barockschloss** dominiert, das den Basler Bischöfen einst als Sommerresidenz diente.

Tipp Delémont bietet sich als Standquartier für alle an, die den *Jura näher kennen lernen möchten, sei es per Auto, zu Fuß oder auch mit dem Fahrrad.

Tipp **Pferdemarkt** jedes Jahr am zweiten Augustwochenende.

Als die eigentliche Uhrenmetropole der Schweiz gilt **La Chaux-de-Fonds** ㊵ (1000 m; 38 000 Einw.). Der Ort liegt in einem breiten Hochtal des Neuenburger Jura. Er wurde nach dem Großbrand von 1794 in regelmäßigem

Im Musée d'Horlogerie,
La Chaud-de-Fonds

Grundriss mit sich rechtwinklig kreu-
zenden Straßen wiederaufgebaut. Alles, was mit Zeitmessung zu tun hat,

zeigt das *Musée international d'Horlogerie mit über 3000 Objekten (Di bis
So 10–17 Uhr).

**Campingplatz: Camping Bois du
Couvent,** 2300 La Chaux-de-Fonds,
Tel. 032/913 25 55.

*Biel ④

Von Delémont führt die gut ausgebaute E 27 nach Biel/Bienne (434 m;
50 000 Einw.), 89 km. Die zweitgrößte
Stadt des Kantons Bern verdient nicht
nur wegen ihrer hübschen Lage an der
Nordostspitze des 39 km² großen Bieler Sees einen Besuch; das Neben- und
Durcheinander von Welsch (ein Drittel
der Bevölkerung) und Schwyzerdütsch
verleiht ihr einen eigenen Reiz. Die Gegend war bereits in vorgeschichtlicher
Zeit besiedelt, wie das im **Museum**

5

Seite
68

Auf die Sekunde genau

Dass in der Schweiz die Uhren
manchmal etwas anders gehen,
hat sich in Europa mittlerweile
herumgesprochen; dass man aber
hierzulande die Zeit erfunden
habe, um daraus ein (Uhren-)
Geschäft zu machen, stimmt nun
wirklich nicht ...

Urvater der eidgenössischen Uhr-
macher war Martin Deboule, 1583
in Genf geboren, wo er seinen Be-
ruf auch ausübte. Von der Rhonestadt breitete sich das Handwerk
allmählich über den Jura bis in die
Basler Gegend aus; Mitte des
18. Jhs. zählte man in Le Locle 133
»Uhrmacherbauern«: Sie fertigten
jeweils im Winter zwei oder drei
Chronometer, um sie dann in Genf

zu verkaufen. Mit der Eröffnung der
ersten Fabrik im Jahr 1770 wurde
aus dem Handwerk industrielle Fer-
tigung – ein rasanter Aufschwung
setzte ein. Trotzdem kam es immer
wieder zu Krisen, die teilweise
auch selbst verschuldet waren.

In letzter Zeit bereitete vor allem
die japanische Konkurrenz Kum-
mer: Sie bewies den Schweizern,
dass Stillstand Rückschritt bedeutet – als jene bunte, für jeden
erschwingliche Modeuhr auf
dem Markt erschien: die »Swatch«,
heute die Uhr schlechthin und
längst ein Kult- wie Sammelobjekt.
Wer's lieber stilvoll mag, kauft
natürlich auch eine Schweizer Uhr,
handgefertigt.

Schwab ausgestellte Fundmaterial belegt. Besonders eindrucksvoll ist die Pfahlbauersammlung aus dem Neuenburger- und Murtensee (Seevorstadt 50; Di–Sa 14–18, So 11 bis 18 Uhr). Zeugnisse der römischen Vergangenheit finden sich unter freiem Himmel an der Straße nach Bern: die **Ausgrabungen von Petinesca.**

Mittelpunkt des historischen Ortskerns ist der ***Ring,** eine malerische Platzanlage mit Zunfthäusern, dem schönem Vennerbrunnen (1546) und der spätgotischen **Stadtkirche.**

Direkt ins Stadtgebiet mündet die malerische Taubenlochschlucht, ein schattiger Weg führt durch die Klamm nach Frinvillier (1 Std.).

5

Seite 68

Ausflüge von Biel

Kulturhistorische Sehenswürdigkeiten und landschaftlich reizvolle Punkte machen Biels Umgebung besonders interessant, so etwa die **St.-Peters-Insel,** zu der man mit dem Boot übersetzen kann. Streng genommen handelt es sich bei dem Naturschutzgebiet um eine Halbinsel, auf der sich 1765 der Schriftsteller Jean-Jacques Rousseau aufhielt. Verlockend sind auch die beiden mittelalterlichen Städtchen **La Neuveville** (434 m) und gleich daneben ***Le Landeron,** ferner der für sein Alpenpanorama berühmte ***Chasseral** (1607 m), 17 km von La Neuveville. Großer Beliebtheit erfreuen sich auch die **Drei-Seen-Fahrten** auf Bieler See, Neuenburger See und Murtensee, die durch Kanäle miteinander verbunden sind. (Infos bei Tourismus Biel-Seeland, Tel. 032/329 84 84).

🏠 **Elite,** Bahnhofstraße 14, 2501 Biel, Tel. 032/328 77 77, Fax 327 77 70, www.hotelelite.ch. Zentral, Erstklassige Küche. ○○○

▌ **Kreuz,** Hauptstraße 17, 2514 Ligerz (13 km von Biel), Tel. 032/315 11 15, Fax 315 28 14, www.kreuz-ligerz.ch. Landgasthof am Nordufer des Bieler Sees. Sauna, familieneigener Weinbau (»Ligerzer«). ○○

*Neuchâtel/Neuenburg ⑫

Neuchâtel/Neuenburg (434 m; 34 000 Einw.), 120 km, breitet sich am nördlichen Ufer des gleichnamigen Sees aus. Er ist mit 216 km² das größte ganz auf schweizerischem Boden liegende Binnengewässer. Die Region ist alter Kulturboden. Früheste Spuren menschlicher Ansiedlungen gehen auf die Steinzeit zurück, und die jüngere Eisenzeit (400–58 v. Chr.) hat ihren Namen sogar von einer Ausgrabungsstätte am See, La Tène. Funde dieser keltischen Kultur und aus der Altsteinzeit zeigt das **Musée d'Archéologie** (Di–So 10–17 Uhr).

Im Mittelalter herrschten hier die Burgunderkönige, daraufhin deutsche und französische Adelsgeschlechter und schließlich noch die Preußen. Erst 1857, fast 50 Jahre, nachdem Neuenburg 21. Kanton der Eidgenossenschaft geworden war, verzichtete die ferne Großmacht auf ihre Ansprüche.

Dominiert wird das Stadtbild von dem mächtigen Gebäudekomplex, den Château und Collégiale (Stiftskirche) bilden. Das **Schloss,** einst Residenz der Grafen von Neuenburg, stammt in den ältesten Teilen aus dem späten 12. Jh., wurde in der Folge aber vielfach umgebaut. Veränderungen erfuhr auch die ***Stiftskirche,** eine dreischiffige Pfeilerbasilika des 12./13. Jhs. Im Innern bewahrt sie als

Volksmusik wird in der Schweiz sehr gepflegt

Auf der Place des Halles trifft sich »tout Neuchâtel«

besondere Kostbarkeit ein ***Kenotaph der Neuenburger Grafen**; mit seinen 15 bemalten Statuen ist es das bedeutendste gotische Grabdenkmal der Schweiz. Vom Schloss sind es nur wenige Schritte westwärts zum interessanten **Musée d'Ethnographie** mit seinem modern dargebotenen Sammlungsgut, vor allem aus Afrika, Ozeanien und Asien (Di–So 10–17 Uhr).

An den Fuß des Schlosshügels schmiegt sich die kleine Altstadt. Mittelpunkt ist die **Place des Halles** mit der erkergeschmückten **Maison des Halles** von 1570. Nicht weit vom Hafen, dessen Quais zu einem Bummel einladen, steht das **Musée d'Art et d'Histoire** mit Werken von Neuenburger und Schweizer Künstlern des 15. bis 20. Jhs. sowie einer Uhren- und Automatensammlung (Di–So 10–18 Uhr).

Dem großen Schweizer Schriftsteller und Dramatiker Friedrich Dürrenmatt (1921–1990) ist das **Centre Dürrenmatt** gewidmet. In dem eigenwilligen Bau des Tessiner Stararchitekten Mario Botta sind Gemälde und Zeichnungen des Dichters ausgestellt (Mi bis So 11–17, im Sommer Do bis 19 Uhr).

Tourisme neuchâtelois,
Hôtel des Postes,
2001 Neuchâtel, Tel. 032/889 68 90,
Fax 889 62 96; www.ne.ch/tourism,
E-Mail: tourisme.neuchatelois@ne.ch,
Mo–Fr 9–12, 13.30–17.30 Uhr,
Sa 9–12 Uhr.

 La Maison du Prussien,
Au Gor de Vauseyon,
2006 Neuchâtel, Tel. 032/730 54 54,
Fax 730 21 43, www.hotel-prussien.
ch. Brauerei aus dem 18. Jh., stilvoll umgebaut, hervorragende Küche.
○○○

▌**Du Vaisseau,** 2016 Cortaillod
(9 km südwestlich von Neuchâtel),
Tel. 032/843 44 77, Fax 843 44 75,
www.hotel-le-vaisseau.ch.
Zwischen dem See und den Weinbergen gelegen; eigener Badestrand. ○○

 Maison des Halles,
Rue du Trésor 4,
2000 Neuchâtel, Tel. 032/724 31 41,
Fax 721 30 84. Feine Küche in gediegenem Ambiente. Kein Ruhetag. ○○

5

Seite **68**

Am Lac du Neuchâtel

Bei **Grandson** (436 m; 1200 Einw.), 152 km, an der Südwestspitze des Lac de Neuchâtel errangen die Eidgenossen am 2. März 1476 ihren ersten Sieg über Herzog Karl den Kühnen. Der Ort wird von seinem mächtigen fünftürmigen *Schloss (13. Jh.) beherrscht, ein Teil ist als Museum zugänglich (Rittersaal, Waffensammlung, Oldtimer).

Ganz in der Nähe liegt **Yverdon-les-Bains** ❹❸ (435 m; 23 000 Einw.), 156 km, das Eburodunum der Römer, mit seinem erst jüngst reaktivierten Thermalbad (Schwefelquelle). Das mächtige Schloss, nach 1260 unter Peter II. von Savoyen errichtet, gilt als gutes Beispiel einer savoyischen Vierturmanlage, wie man sie in der Westschweiz immer wieder antrifft. Es beherbergt heute das Musée du Château mit prähistorischem und römischem Fundmaterial und Dokumenten zur Stadtgeschichte. Außerdem wird an den Pädagogen Heinrich Pestalozzi erinnert, der hier 1805–1825 ein Erziehungsheim leitete (Juni bis Sept. Di–So 10–12, 14–17 Uhr, Okt. bis Mai Di–So 14–17 Uhr).

Auf dem Weg zum Genfer See

Bis zum Genfer See bieten sich reizvolle Abstecher an, z. B. in den Waadtländer Jura. Nach nur 25 km erreicht man über Vallorbe den **Lac de Joux**. Eine sanfte und stille Landschaft sowie einige kulturhistorische Sehenswürdigkeiten sind hier zu entdecken. Neben den römischen *Mosaiken von **Orbe** ist vor allem die ehemalige **Klosterkirche von Romainmôtier** ❹❹, 7 km südwestlich von Orbe, zu erwähnen. Gotteshaus, Klostergebäude und Umgebung bilden eine so harmoni-

Das Palais de Rumine beherbergt einige sehenswerte Museen

sche Einheit, dass man sich für Augenblicke in vergangene Zeiten zurückversetzt fühlt.

*Lausanne ❹❺

Lausanne (447 m; 128 000 Einw.), 195 km, in Terrassen über dem Nordufer des Lac Léman (Genfer See) ansteigend, ist neben Genf das zweite kulturelle und wirtschaftliche Zentrum der französischsprachigen Schweiz. Eingebettet in eine freundliche Hügellandschaft – Anbaugebiet des hervorragenden Waadtländer Weißweins – gibt sich die Stadt typisch welsch; Zürich mit seiner tüchtig-nüchternen Lebensweise scheint Welten entfernt zu sein.

Historisch stand Lausanne, dessen römischen Wurzeln man im Ortsteil Vidy nachspüren kann, fast immer im Schatten Genfs. Bereits 539 wurde es Bischofssitz; 1032 kam der Ort mit Burgund an das Heilige Römische Reich Deutscher Nation. Im 16. Jh. eroberte Bern die Waadt, womit Lausanne jede politische Bedeutung verlor. 1803 trat die Waadt nach dem Zusammenbruch der alten Eidgenossenschaft dem Kantonsverbund bei.

Verkehrsmittelpunkt der Stadt ist die **Place St-François** mit der gleich-

5

Seite **68**

Kunst von Außenseitern zeigt die Collection de l'Art brut in Lausanne

namigen gotischen Kirche. Man erreicht die Freifläche in wenigen Minuten von der »Bergstation« der Lausanner Métro (Zahnradbahn Ouchy–Stadtzentrum). Ebenso rasch bleibt der Verkehrslärm zurück, wenn man sich der Altstadt zuwendet. Dort befindet sich an der Place de la Palud das **Hôtel de Ville** (Rathaus; 17. Jh.).

Auf den teilweise überdachten Escaliers du Marché (Markttreppen) steigt man hinauf zur ****Cathédrale Notre-Dame,** die den Hügel der Oberstadt krönt. Nach etwa hundertjähriger Bauzeit 1275 geweiht, gilt sie – in Stil und Dimensionen durchaus mit französischen Vorbildern vergleichbar – als bedeutendstes Bauwerk der Gotik in der Schweiz. Das figurenreiche Montfalcon-Portal an der Westfassade wurde erst im frühen 16. Jh. gestaltet, im Gegensatz zum wesentlich älteren *Portail peint*. Von der Ausstattung fällt insbesondere das herrliche *Rosenfenster am südlichen Querschiff ins Auge.

Am Fuß des Cité-Hügels liegt die Place de la Riponne, ostseitig abgeschlossen vom prächtigen **Palais de Rumine** mit Sammlungen zu Geologie,

Geschichte und Archäologie (Di–Do 11–18, Fr–So 11 bis 17 Uhr). Das **Kunstmuseum** macht mit Malern der Region bekannt (Di–Mi 11–18 Uhr, Do 11 bis 20 Uhr, Fr–So 11–17 Uhr).

Eine Ausstellung der ungewöhnlichen Art ist die ***Collection de l'Art brut** im Château de Beaulieu. Die Werke psychisch Kranker vermitteln dem Besucher eine einzigartige Schau bizarrer und zuweilen beängstigender Visionen (Di–So 11–18 Uhr).

Im mondänen Vorort Ouchy (374 m) informiert das **Musée Olympique** unterhaltsam über die Geschichte der Spiele, über Sieger und Rekorde (Quay d'Ouchy, tgl. 9–18 Uhr, Do bis 20 Uhr, Okt. bis April Mo geschl.). Beim Spaziergang am See lässt sich über den Sinn des Spitzensports sinnieren.

ℹ️ Lausanne Tourisme,
Av. de Rhodanie 2,
1000 Lausanne 6,
Tel. 021/613 73 73, Fax 616 86 47;
E-Mail: information@ lausanne-tourisme.ch,
www. lausanne-tourisme.ch;
im Bahnhof tgl. 9–19 Uhr.

5

Seite
68

🏠 **Lausanne-Palace,** Grand-Chêne 7–9, 1003 Lausanne, Tel. 021/ 331 31 31, Fax 323 25 71, www.lausanne-palace.ch. Luxushotel mit großartiger Sicht auf den Genfer See. Bar von Jean Tinguely. ○○○
▌**Jeunotel,** Ch. de Bois-de-Vaux 36, 1007 Lausanne, Tel. 021/626 02 22, Fax 626 02 26, www.jeunotel. ch/lausanne. Modernes Hotel, einfache, aber zweckmäßige Einrichtung. ○

🍴 **Restaurants Philippe Rochat,** Rue d'Yverdon 1, 1023 Crissier, Tel. 021/634 05 05. Erstklassige Adresse. Di–Sa. ○○○
▌**Du Lac de Sauvabelin,** Celtes 1, 1018 Lausanne, Tel. 021/647 39 29, Fax 647 44 96. Eine gute Adresse für Fischgerichte. Mo geschl. ○

Am Genfer See

*Nyon ⑯ (406 m; 14 000 Einw.), 235 km, ist am schönsten auf Umwegen zu erreichen, genau gesagt auf der Route de Vignoble, einer reizvollen Weinstraße über die Dörfer. Einmal angelangt, findet man ein schmuckes Kleinstädtchen vor, das sich aus der antiken Siedlung Noviodunum entwickelte. Ein Bild von seiner römischen Vergangenheit als Garnisonsstadt vermittelt das in den freigelegten Ruinen einer Basilika eingerichtete Musée romain (April bis Okt. Di–So 10–12, 14–18 Uhr [Juli/Aug. auch Mo], Nov. bis März Di bis So 14–18 Uhr). Im Schloss von Prangins bei Nyon befindet seit kurzem eine Außenstelle des Schweizerischen Landesmuseum (Di–So 10–17 Uhr).

Vor den Toren Genfs liegt **Coppet,** 244 km, dessen Schloss (1771) zu Beginn des 19. Jhs. durch die französische Schriftstellerin Madame de Staël (1766–817) zu einem Treffpunkt europäischer Dichter avancierte.

Seite 68

Tour 6

In die Ferienecke der Schweiz

Basel → Zürich → Chur → *Julierpass → *St. Moritz (284 km)

Die große Diagonale, sie führt vom Rheinknie ins »Land der 150 Täler«, von Nordwest nach Südost, quer durch die Schweiz. Der Reisende gelangt von den Anlagen der Chemischen Industrie durchs Mittelland in die Alpen, dahin, wo Graubünden am schönsten ist: ins Engadin. Es ist eine Fahrt starker Kontraste, auf der die Berge allmählich näher rücken. Sind sie am Zürichsee noch (ferne) Kulisse, ist der Walensee bereits überragt von den zackigen Spitzen der Churfirsten. Chur, die uralte Stadt am oberen Rhein, markiert den Beginn des Kurvenkarussells über die Bündner Pässe. Und immer wieder bieten sich lohnende Abstecher von der Tour an, z. B. nach Einsiedeln, ins Glarnerland oder nach Davos. Bei solcher Vielfalt kann man ruhig eine, vielleicht sogar zwei Übernachtungen einplanen.

*Augusta Raurica ⑰

Ein paar Kilometer hinter Basel (s. S. 29) stößt man auf frühe Zeugen der Geschichte: Augusta Raurica, unweit von Augst (264 m), 10 km, gilt als bedeutendste antike Ausgrabungsstätte der Schweiz. Ein eindrucksvolles Theater und Reste von Tempeln sind hier erhalten. Informativ ist ein Besuch im Römerhaus (Mo 13–17, Di bis So 10–17 Uhr, Nov. bis Febr. 12 bis 13.30 Uhr geschl.).

*In Baden dreht sich vieles
ums (Thermal-)Wasser*

*Römische Vergangenheit:
Augusta Raurica, heute Museum*

Brugg und Umgebung

Hinter dem Bözberg (569 m), an einem alten Aareübergang, liegt **Brugg**
(352 m; 9000 Einw.), 51 km, mit einem
hübschen historischen Ortskern. Kulturgeschichtlich bedeutsamer sind allerdings zwei Denkmäler in der Nähe:
Da ist zum einen die Kirche des ehemaligen Klosters **Königsfelden.** Der
Sakralbau gilt als Hauptwerk der
Bettelordenarchitektur in der Schweiz
mit einmaligen *Glasgemälden im
Chor; zum anderen das römische Amphitheater **Vindonissa**, das fast
10 000 Zuschauern Platz bot. Funde
aus dem römischen Legionslager zeigt
das Vindonissa-Museum in Brugg.

Grotto da Lorenzo,
Hummelstraße 2, 5200 Brugg,
Tel. 056/441 10 30. Toskanisches
Lokal. Di–Sa. ○○

Baden

Auf römische Spuren stößt man auch
in Baden (15 000 Einw.), 60 km, dessen ergiebige heiße Schwefelquellen

bereits in antiker Zeit genutzt wurden;
dank moderner Einrichtungen erfreuen sich die Thermen auch heute
großer Beliebtheit.

Einen schönen Blick auf die Altstadt
genießt man von der Hochbrücke, die
den Ort mit dem benachbarten Wet-
tingen verbindet. Ein absolutes Muss
für Kunstliebhaber ist der Besuch des
Museums Langmatt. Die Villa von
Sidney und Jenny Brown bildet den
stilvollen Rahmen zu einer hervorragenden *Gemäldesammlung mit
Schwerpunkt auf französischem Im-
pressionismus (April bis Okt. Di–Fr 14
bis 17 Uhr, Sa/So 11 bis 17 Uhr).

Atrium-Hotel Blume,
Kurplatz 4, 5400 Baden,
Tel. 056/ 222 55 69, Fax 222 42 98,
www.atriumhotel-blume.ch. Denkmal-
geschütztes Haus mit historischem
Innenhof, Thermalquelle. ○○○

Am *Zürichsee

Dem Wirken eiszeitlicher Gletscher-
ströme verdankt das Alpenvorland seinen schönsten Schmuck: die zahlreichen Seen. Auch der lang gestreckte
Zürichsee (89 km²) ist ein Überbleib-
sel jener frostigen Vergangenheit. Damals reichte die Zunge des Linthglet-
schers bis zum heutigen Zürich. In

6

Seite
69

Beliebte Anlaufstelle am Zürichsee ist Rapperswil

unseren Tagen gestattet ein wesentlich milderes Klima sogar den Weinanbau am Nordufer des Gewässers. Auch sonst gilt diese Seite des Zürichsees als bevorzugte Lage – nicht zufällig bezeichnen die Zürcher sie ironisch als Goldküste.

Die Strecke führt am Nordufer des Zürichsees entlang über Zürich nach *Rapperswil* (408 m; 7500 Einw.), 112 km. Der kleine Ort erfreut sich einer hübschen Lage auf einer kleinen Halbinsel. Beherrscht wird die Silhouette des schmucken Städtchens von seinem mächtigen Schloss (12./14. Jh.) und der Pfarrkirche aus dem 13. Jh. Von der Schlossterrasse aus genießt man einen hübschen Blick auf den See. Nicht zu übersehen ist auch der 1878 erbaute Seedamm.

Einsiedeln ⑤⓪

Bereits 1358 ließ Rudolf IV. von Habsburg in Rapperswil eine erste Holzbrücke errichten, die vor allem dem Pilgerverkehr mit Einsiedeln (882 m; 10 000 Einw.) diente. Dieser berühmteste Wallfahrtsort der Schweiz (20 km von Rapperswil) liegt in einer freundlichen Voralpenlandschaft unweit des aufgestauten Sihlsees (889 m). Die **Benediktinerabtei** geht auf das 10. Jh. zurück: 934 wurden über der Klause des 861 ermordeten hl. Meinrad die ersten Klosterbauten errichtet. Seine heutige Gestalt erhielt der stattliche Komplex im 17./18. Jh. Die doppeltürmige ****Kirche** (1719 bis 1735) gilt als bedeutendstes Barockbauwerk des Landes. Stuckaturen und Deckengemälde stammen von den Brüdern Asam aus Bayern, das perspektivische Chorgitter aus der Werkstatt von Vinzenz Nussbaumer. In der klassizistischen Kapelle von 1817 wird das Gnadenbild der »Schwarzen Muttergottes« aufbewahrt.

Linde, Schmiedenstraße 28, 8840 Einsiedeln, Tel. 055/ 418 48 48, Fax 418 48 49, www.linde-einsiedeln.ch. In der Nähe des Klosters; auch bei Gourmets eine beliebte Adresse. ○○

*Glarnerland

Näfels (450 m; 4000 Einw.), 142 km, liegt am Eingang zum von hohen Bergen umrahmten Glarnerland. Bei gutem Wetter ist ein Ausflug linthaufwärts zu empfehlen. Der kleine

6

Seite 69

Bergkanton Glarus hat nämlich viel Sehenswertes zu bieten, etwa den stimmungsvollen **Klöntaler See** (848 m) am Fuß des Glärnisch (2914 m). Daneben lohnen der autofreie Ferienort **Braunwald** (1280 m) in prächtiger Terrassenlage oberhalb von Linthal oder das Sernftal mit dem schmucken Dörfchen **Elm** (962 m) einen Besuch.

Kantonshauptort ist **Glarus** 51 (481 m; 6000 Einw.), das nach dem Großbrand von 1861 teilweise neu aufgebaut wurde. Bemerkenswerte Ausblicke auf die vergletscherten Dreitausender der Glarner Alpen (Tödi, 3614 m; Clariden, 3268 m) vermittelt eine Fahrt über den *Klausenpass** (1948 m) ins urnerische Reusstal (ab Näfels 70 km).

 Tödi, Tierfehd bei Linthal, Tel. 055/643 16 27, Fax 643 17 24. Ein Hotel mit Pfiff im tiefsten Glarnerland; saisonale Küche mit Glarner Spezialitäten. ○

Die Taminaschlucht bei Bad Ragaz

liegt 4 km taleinwärts in wildromantischer Lage. Hier wurde schon im 15. Jh. eine Kureinrichtung errichtet. Der Besuch der Quelle am Ende der dramatischen *Taminaschlucht** ist ein Erlebnis: Durch das Badehaus gelangt man in die düstere Felsspalte, durch die ein gesicherter Weg zur dampfenden Schwefelquelle führt (Mai–Okt. tgl. 10–18 Uhr).

Sargans 52

Bei Sargans (482 m; 4800 Einw.), 179 km, treffen die stark frequentierten Nord- und Westzufahrten ins »Land der 150 Täler« (Graubünden) zusammen. Beherrscht wird das Städtchen von dem imposanten *Schloss** (12./17. Jh.).

Bad Ragaz 53

Bad Ragaz (502 m; 4600 Einw.), 186 km, zählt zu den traditionsreichsten Thermalkurorten der Schweiz. Das heilkräftige Wasser, dessen Wirkung bereits Paracelsus (1493–1541) würdigte, wird allerdings erst seit 1840 hierher geleitet. Das alte Bad Pfäfers

Abstecher ins Prättigau

Beim Ort **Landquart** (523 m), 192 km, mündet das Prättigau, seit der Eröffnung des 20 km langen Vereina-Bahntunnels (Autoverladung Klosters-Lavin) schnellster und bequemster Zugang ins Engadin. Ein beliebter, familienfreundlicher Ferienort im Tal der Landquart ist *Klosters** 54 (1179 m). Jenseits des Wolfgangpasses (1631 m) folgt schließlich im weiten Hochtal des Landwassers die Ferienmetropole **Davos** 55 (1560 m; 13 000 Einw.), 43 km ab Landquart, mit fast schon städtischem Siedlungsbild. Den vielfältigen Wander- und Bikemöglichkeiten steht im Winter ein noch breiter gefächertes Angebot gegenüber. Als schönster Aussichtspunkt gilt die **Weissfluh**

6

Seite **69**

zur Schinschlucht gelegen. Es ist das einzige unversehrt erhaltene Beispiel eines karolingischen Gotteshauses in der Schweiz (vor 800).

Ins Engadin über den ****Albula-Pass** ❺❼

Tiefencastel ist Kreuzungspunkt wichtiger Verkehrswege an der Albula: Hier mündet die modern ausgebaute Schinstraße nach Thusis. Hier nimmt aber auch die Albula-Pass-Straße (2312 m) nach St. Moritz ihren Ausgang. Weit weniger befahren als die Julierroute, ist sie landschaftlich noch reizvoller, dazu bieten Filisur (1084 m) und *Bergün/Bravuogn (1389 m) besonders stilvolle Ortsbilder.

Tipp Auf dem **Bahnlehrpfad** wandert man von Preda talauswärts nach Bergün (zwei Std.).

Sonnenschein, 7482 Bergün, Tel. 081/407 11 29. Heimeliges kleines Hotel. ○

1200 Jahre alt ist das Kirchlein von Mistail bei Tiefencastel

(2844 m; Seilbahn), beliebte Ausflugsziele sind das *Sertig- und das **Dischmatal.** Das **Kirchner-Museum** zeigt Werke des Expressionisten, der ab 1923 hier lebte (Weihnachten bis Ostern, Mitte Juli bis Ende September Di–So 10–18 Uhr, sonst 14–18 Uhr).

Auf die Lenzerheide ❺❻

Die Reise ins Engadin beginnt mit der Steigung von Chur (s. S. 65), 207 km, hinauf zur Wasserscheide Acl'Alva (Lenzerheidepass, 1546 m). **Parpan** (1511 m), **Valbella,** der idyllische **Heidsee/Il Lai** und **Lenzerheide/Lai** (1476 m), das bereits jenseits der Scheitelhöhe liegt, bilden eine gut erschlossene und viel besuchte Ferien- und Sportregion. Mit prächtiger Sicht auf die Gipfelketten des Oberhalbsteins geht es dann hinab nach **Tiefencastel,** 235 km. Für kulturgeschichtlich Interessierte hält der Ort ein besonderes Juwel bereit: das *Kirchlein von Mistail, 2 km westlich auf einer Anhöhe über dem Eingang

Ins Engadin über den *Julierpass ❺❽

Die Fahrt durch das Oberhalbstein (Surses) hinauf zum Julierpass ist verbunden mit einer prächtigen Sicht auf die hochalpine Kulisse. Man passiert **Savognin** (1210 m; 850 Einw.), einen beliebten Wintersportort. Am Julierpass (2284 m) erinnern zwei Säulenfragmente daran, dass dieser Übergang bereits von den Römern benutzt wurde. Auf der anschließenden Talfahrt öffnet sich oberhalb von **Silvaplana** (1816 m; 800 Einw.) unvermittelt der Blick auf die Traumlandschaft des **Oberengadins. Wenig später erreicht man St. Moritz (s. S. 90), 284 km.

4000 m hoch: das **Engadin

Landeck → *Scuol → *St. Moritz → *Malojapass → Chiavenna (155 km)

Schloss Tarasp beherrscht das Tal nur mehr optisch

Der Name hat magischen Klang, man verbindet ihn mit Sonne, Fels und Firn oder denkt an Prominente in St. Moritz. Doch das Oberengadin ist mehr als Ferienspaß und Pistenglück: rätoromanische Urheimat und eine unvergleichliche inneralpine Landschaft, vom eiszeitlichen Inngletscher modelliert. Ihrer Binnenlage verdankt die Region das trockene Klima, der Eiszeit den schönsten Schmuck: ihre Seen, aufgereiht wie an einer Schnur von St. Moritz bis zum Malojapass. Ganz anders präsentiert sich das Unterengadin: Es ist ein tiefer Graben zwischen Bergketten, die mit ihren schroffen Zacken fast ein wenig an die Dolomiten erinnern; klimatisch ähnlich bevorzugt wie das obere Engadin, aber weniger stark vom Tourismus geprägt. Die Landschaft ist für eine schnelle Durchfahrt nicht geeignet: Zu viele Kurven gibt es hier, viel zu viel Sehenswertes am Weg. Und wer auch die Bündner Täler gen Süden – Val Müstair, Puschlav und Bergell – sehen will, benötigt auf jeden Fall mehr als nur einen Tag.

Samnaun ⑨

Auf der Fahrt von Österreich ins Engadin erreicht man unterhalb der Hochfinstermünz, 33 km von Landeck, die Schweizer Grenze. Nur wenig weiter zweigt rechts die mit aufwändigen Galerien wintersicher gemachte Straße nach Samnaun (1835 m) ab. Der aus mehreren Weilern bestehende Wintersportort übt auch zur warmen Jahreszeit eine große Anziehungskraft aus:

🎁 Hier kann man Spirituosen, Tabak, Parfum, Benzin u. a. zollfrei einkaufen.

*Scuol/Schuls ⑥⓪

Erste größere Gemeinde im Unterengadin ist Scuol/Schuls (1244 m; 1800 Einw.), 59 km, das zusammen mit Tarasp (1414 m) und Vulpera eine viel besuchte Kur-, Erholungs- und Sportregion bildet. Vorhanden sind u. a. alkalische Glaubersalzquellen und ein modernes Erlebnisbad. Fast ein Jahrtausend alt ist im Kernbestand **Schloss Tarasp,** das einen Felsen hoch über dem Inn krönt (Führungen). Wen es in die Berge zieht, der findet hier ein weitläufiges Revier. Bequemere lassen sich mit der Gondel zum Motta Naluns (2146 m) hinauftragen.

Tipp Eine günstige Basis für Wanderungen im **Schweizerischen Nationalpark** (s. S. 89) ist der Weiler S-charl (1813 m), 12 km ab Scuol.

7

Seite
69

_Kleine Sehenswürdigkeiten
am Wegesrand im Unterengadin_

Schlosshotel Chaste, 7553 Tarasp, Tel. 081/864 17 75, Fax 864 99 70, www.relaischateau.ch/chaste. Moderner Komfort in Bündner Ambiente; gute Küche. ◖◗◗◗

▮ **Gasthaus Mayor,** 7550 S-charl, Tel. 081/864 14 12, Fax 864 99 83. Am Nationalpark, gute Küche. ◗

Chasa Engiadina, 7560 Martina. Selbstbedienungsrestaurant (◗) oder stilvoll-gediegene Stube »Stüva da la Posta« (◗◗). Mi–So.

*Guarda ㉛

Als Schmuckkästchen des Engadins wird Guarda (1653 m), 69 km, gepriesen, das auf einer sonnigen Terrasse oberhalb der Talstraße liegt. Die behäbigen Häuser bilden mit den gepflasterten Gassen und schönen Brunnen ein stilvolles Ensemble vor der Kulisse der Unterengadiner Dolomiten.

Piz Buin, 7545 Guarda, Tel. 081/861 30 00, Fax 861 30 15, www.pizbuin.ch. Kleines, rustikales Familienhotel. ◗◗

Usteria Crusch Alba, 7545 Guarda, Tel. 081/862 21 33. Gemütlicher Kellerraum mit offener Feuerstelle. Di–So. ◗◗

Eine Sprache kämpft ums Überleben

Rätoromanisch, eine sterbende Sprache? Die Frage ist berechtigt, sind es doch gerade noch etwa 50 000 Menschen in der Schweiz (vor allem in Graubünden), die das Idiom als ihre Muttersprache bezeichnen. Seine Wurzeln hat es – wie die verwandten Mundarten Südtirols und Friauls – in einer rätischen Ursprache, die sich im Zuge der Romanisierung mit dem Latein vermischte. Starke Zuwanderung und politische wie gesellschaftliche Veränderungen ließen die Rätoromanen im Lauf der Jahrhunderte immer mehr zu einer Minderheit werden und bedrohten auch zunehmend ihre Sprache und Kultur. Um diese Gefahr zu bannen, wurde 1863 in einer ersten Initiative die »Società retorumantscha« gegründet, 1919 folgte die »Liga romontscha«. 1938 bekam das Rätoromanische nach einer Volksabstimmung den Status einer vierten Landessprache zugesprochen. In den Grundschulen Graubündens wird Rätoromanisch gelehrt, auch mit Sprachkursen will man dieses Idiom am Leben erhalten. Es ist jedoch zu bezweifeln, dass Maßnahmen dieser Art die Bedrohung der kulturellen Minderheit abwenden können.

7
Seite **69**

Sgraffito-Malereien an den Engadiner Häusern sind eine wahre Pracht

Ausflug ins Val Müstair ⑫

Zernez (1474 m; 900 Einw.), 84 km, entstand am Fuß eines alten Passweges, der über den »Fuorn« ins Val Müstair führt. Seit 1909 durchquert er den 170 km² großen ***Schweizerischen Nationalpark,** der sich südöstlich des Inn zwischen dem Val Trupchun und dem Val S-carl ausgebreitet. Hier bleibt die Natur völlig sich selbst überlassen. Besuche sind nur auf den markierten Wegen gestattet. Auf dem Areal finden sich über 650 verschiedene Pflanzenarten; nachgewiesen sind auch 30 Säugetierarten, darunter Steinwild, und der 1991 wieder angesiedelte Bartgeier.

Nationalparkhaus, 7530 Zernez, Tel. 081/856 13 78; www.nationalpark.ch; Juni–Okt. tgl. 8.30–18 Uhr, Di bis 22 Uhr.

Am ***Pass dal Fuorn** (Ofenpass; 2149 m) überquert man die Wasserscheide zum Val Müstair, das als gutes Wander- und Tourengebiet gilt. Grenzort zu Italien ist **Müstair** (1230 m; 800 Einw.), 39 km von Zernez, dessen *****Benediktinerinnenkloster St. Johannes Baptist** größte kulturhistorische Bedeutung zukommt. An den Wänden der im 15. Jh. gotisch umgebauten Kirche sind gut erhaltene, ka

Bauernleben fast wie früher

rolingische Fresken (um 800) freigelegt worden, die inzwischen zum Weltkulturerbe gehören.

 Staila, 7533 Fuldera, Tel. 081/858 51 60, Fax 858 50 21, www.muenstertal.ch/ staila. Angenehmes, ruhiges Familienhotel im Val Müstair. Vegetarische Spezialitäten. ○○

Das **Oberengadin

Ein paar Kilometer hinter Zernez, bei S-chanf (1662 m), überschreitet man die Grenze vom Unter- zum Oberengadin: Die Bergflanken weichen zurück, aus dem engen Talgrund wird ein weiter, flacher Boden. Die Siedlungen liegen durchweg am Fuß der sonnseitigen Hänge, so auch ***Zuoz** ⑬ (1716 m; 1200 Einw.), 100 km, der besterhaltene Ort am Oberlauf des Inn. Besonders stimmungsvoll wirkt der brunnengeschmückte Dorfplatz; die spätgotische Kirche bewahrt moderne Glasgemälde des Bergellers Augusto Giacometti.

7

Seite 69

Walther, 7504 Pontresina,
Tel. 081/842 64 71,
Fax 842 79 22, www.hotelwalther.ch.
Das alte Hotel bietet modernen
Komfort, dazu eine feine Küche.
Hallenbad. ○○○

Vom dramatischen **Berninapass** ⑥⑤
(2328 m), 24 km ab Samedan, bieten
sich sensationelle Blicke auf Täler und
Höhen, die das Herz eines jeden Na-
turliebhabers höher schlagen lassen.
Er verbindet das Engadin mit dem
*Puschlav ⑥⑥ (Val Poschiavo), einem
der drei italienischsprachigen Täler
Graubündens. Ist bereits die Passfahrt
ein Erlebnis, so bietet der »Abstieg«
hinunter ins italienische Veltlin noch
eine Steigerung der Eindrücke: Vom
ewigen Eis geht es zu den Weinbergen
und Kastanienhainen – über einen Höhenunterschied von fast 2000 m! Und
wer es nicht eilig hat, nimmt am besten gleich die Rhätische Bahn. Während
der gemütlichen Fahrt hat man aus-
giebig Gelegenheit, die vielfältigen
Landschaftsbilder zu genießen. Neben
der Scheitelstrecke bezaubert vor allem
der Abschnitt von der Alp Grüm
(2091 m) hinab nach Poschiavo (1014 m;
3300 Einw.), 38 km ab Samedan.

![Mit der Rhätischen Bahn über den Berninapass]
*Mit der Rhätischen Bahn
über den Berninapass*

Crusch Alva, 7524 Zuoz, Tel.
081/854 13 19, Fax 854 24 59,
www.chruschalva-zuoz.ch. Stilvolles
Ambiente; Bündner Küche. ○○○
▮ **Chesa Salis,** 7502 Bever,
Tel. 081/ 852 48 38, Fax 852 47 06,
www. chesa-salis.ch. Schönes Patri-
zierhaus von 1590. ○○

Samedan (1709 m), 111 km, ist der alte
Hauptort des Oberengadins, ein statt-
liches Dorf mit sehenswerter Kirche
(17./18. Jh.). Im Planta-Haus hat die
Fundaziun Planta, ein Kulturzentrum
mit rätoromanischer Bibliothek, ihren
Sitz.

Seite
69

Abstecher ins *Puschlav

Von Süden öffnet sich das Val Bernina.
Ein paar Kilometer talaufwärts liegt
der traditionsreiche Ferienort *Pontresina ⑥④ (1805 m; 1600 Einw.). Neben
Engadiner Häusern setzen ein paar
Hotelbauten aus der Frühzeit des
Fremdenverkehrs markante Akzente;
für den alpinen Rahmen sorgen der
Dreitausender des Val Roseg. Um den
schönsten Blick auf die Engadiner
Berge wetteifern *Muottas Muragl
(2453 m) und die *Diavolezza (2973 m),
beide per Bahn erreichbar.

Suisse, Via da Mez, 7742 Poschiavo, Tel. 081/844 07 88,
Fax 844 19 67, www.forum.ch/suisse.
Gemütlich, mitten im Ort; Bündner
und Veltliner Spezialitäten. ○○

*St. Moritz ⑥⑦

St. Moritz (1810 m; 6000 Einw.), 116 km,
ist das allbekannte Ferienparadies
des Jet-sets, in dem man in der Saison
weit mehr Millionäre als Bauern antrifft. Zweimal war der Flecken, der sogar seinen Namen urheberrechtlich
schützen ließ, Austragungsort der

Olympischen Winterspiele. Alljährlich finden im Februar auf dem zugefrorenen St.-Moritzer-See Pferderennen statt, in der legendären Skeletonbahn kann man seinen Mut beweisen. Der weltbekannte Nobeltreff ist aber auch Heilbad mit einem Kurzentrum im Ortsteil Bad (1776 m).

Das so genannte Dorf – der alte Siedlungskern über dem See – hat längst städtischen Charakter. Etwas verloren steht der **Schiefe Turm,** Überrest der im 19. Jh. abgebrochenen Mauritiuskirche, zwischen Betonburgen und Hotelkästen. Im ***Engadiner Museum,** das herrschaftliche Interieurs aus dem 16.–19. Jh. zeigt, werden vergangene Zeiten lebendig (Mo–Fr 9.30 bis 12, 14–17, So 10–12 Uhr). Dem Werk des Malers Giovanni Segantini (1859 bis 1899), der seine letzten Lebensjahre hier verbrachte, ist ein **Museum** gewidmet (Juni bis 20. Okt., Dez.–Apr. Di–So 10–12, 15–18 Uhr).

St. Moritz bietet vielfältigste Sportmöglichkeiten an. Berühmt ist das Massenspektakel des »Engadiner Skimarathons« mit jeweils über 10 000 Teilnehmern (März). Bekanntester Skigipfel ist der **Piz Nair** (3057 m).

ℹ️ **Kur- und Verkehrsverein,** Via Maistra 12, 7500 St. Moritz, Tel. 081/837 33 33, Fax 837 33 71; E-Mail: information@stmoritz.ch, www.stmoritz.ch; Mo–Fr 9–18.30, Sa 9–18, So 16–18 Uhr.

🏠 **Chesa Guardalej,** 7512 St. Moritz-Champfèr, Tel. 081/ 836 63 00, Fax 836 63 01, www.chesa-guardalej.ch. Heimelige »Stüva dal Postigliun«, gediegenes »Restorant Jenatsch«. ○○○
▮ **Soldanella,** 7500 St. Moritz, Tel. 081/833 36 51, Fax 833 23 37, www.hotel-soldanella.ch. In schöner Lage am Hang. ○○

Silvaplana ⑱

Wer ganz hoch hier aus will, nimmt in Silvaplana (1816 m; 800 Einw.), 122 km, die Seilbahn auf den **Piz Corvatsch** (3303 m). Das Panorama ist grandios: Es reicht von den Berner bis zu den Ötztaler Alpen.

🏠 **Julier-Palace,** 7513 Silvaplana, Tel. 081/828 96 44, Fax 828 81 43. Nettes Hotel. Bodenständiges bietet das Restaurant »Julier«. ○○
▮ **Hotel Bellavista,** 7516 Maloja, Tel. 081/824 31 95, Fax 824 37 13. Angenehme Zimmer, Restaurant. ○○

Das **Bergell

An der Schwelle des *Malojapasses (1815 m), 133 km, bricht die Oberengadiner Seenplatte ab ins Bergell (*Val Bregaglia*). Der Szenenwechsel ist ebenso unvermittelt wie total: hier das weite, vom Gletschereis ausgeformte Becken, dort ein tief eingerissenes, in mehreren Stufen abfallendes Engtal. War das Engadin durch zahllose Hotels und Chalets und auch viel gesichtslos-moderne Architektur geprägt, so bestimmen im italienischsprachigen Bergell eng zusammen-

7

Seite
69

Auf Schusters Rappen

Am schönsten erlebt man die Oberengadiner Bergwelt zu Fuß. Empfohlen sei z. B. die **Via Engiadina,** die als Höhenweg an der linken Talseite von St. Moritz nach Maloja führt. Beliebt ist auch die Wanderung von Sils (1815 m) in das unter Naturschutz stehende *Fextal.

Soglio ist das Bilderbuchdorf des Bergell

gebaute Dörfer wie Vicosoprano, Stampa und Bondo das Bild. Charakteristisch sind die gemauerten Häuser, teilweise mit Sgraffito-Schmuck.

Das Talmuseum in **Stampa** zeigt neben volkskundlichem Material auch Werke der hier geborenen Künstlerfamilie Giacometti. Am Ortsausgang wartet dann eine Überraschung, »1001 Nacht« mitten im Gebirge: der Palazzo Castelmur. Der zinnenbekrönte Backsteinbau nach italienisch-maurischem Vorbild wurde Mitte des 19. Jhs. errichtet (Wohnmuseum).

Schließlich noch ein wirkliches Muss für jeden Bergell-Besucher: der kurze Abstecher von Spino nach einen herrlichen Kastanienhain hinauf nach *Soglio 69 (1095 m). Es bezaubert nicht nur durch sein intaktes Ortsbild mit einigen stattlichen Palazzi, überaus faszinierend ist auch der Blick über das Tal hinweg auf die Granitzacken der Bergeller Berge.

🏠 **Palazzo Salis,** 7606 Soglio, Tel. 081/822 12 08. Fürstlich übernachten und essen. ○○
❚ **Bregaglia,** 7606 Promontogno, Tel. 081/822 17 77. Nostalgisches »Château« auf einer Anhöhe. ○

In **Chiavenna,** 155 km, befindet man sich bereits auf italienischem Boden.

Tour 8

Eiger, Mönch und Jungfrau

Bern ➔ *Thun ➔ *Interlaken ➔ **Sustenpass ➔ Wassen (136 km)

An Schönwettertagen kann man sie von der Bundeshauptstadt aus am südöstlichen Horizont erkennen: die Eisriesen der Berner Alpen. Sie bilden die grandiose Kulisse des Berner Oberlands, jener so typisch schweizerisch wirkenden Bilderbuchlandschaft am Oberlauf der Aare und ihrer Quellbäche. Grindelwald, Wengen, Adelboden und Interlaken sind Namen, die Urlaubsträume wecken. Von der berühmt-berüchtigten Eigernordwand hat wohl jeder schon einmal gehört. Die gewaltigen optischen Eindrücke sind an einem Tag kaum zu verdauen, und so tut man gut daran, eine Übernachtung einzuplanen.

Kiesen ⑩

Die passende Einstimmung bietet in Kiesen (539 m), 19 km von Bern (s. S. 34), das Nationale **Milchwirtschaftliche Museum,** in dem eine Dorfkäserei des 18. Jhs. nachgebildet wurde – den Rohstofflieferanten wird man unterwegs wohl öfters begegnen (April–Okt. Mi, Sa, So 14–17 Uhr).

*Thun ⑪

Thun (560 m; 40 000 Einw.), 28 km, am Abfluss des gleichnamigen, knapp 48 km² großen Sees gelegen, gilt als Tor zum *Berner Oberland. Über der kleinen Altstadt thront beherrschend das ***Schloss,*** nach 1191 von den Zähringern erbaut. In seinem mächtigen Bergfried ist das **Historische Museum** mit seinen Sammlungen von prähistorischen Funden bis Ritterrüstungen untergebracht (April/Mai/Juni/Sept./Okt. tgl. 10–17 Uhr, Juli/August 10 bis 18 Uhr).

Südlich der Stadt liegt in einem schönen Park am See das **Schloss Schadau** (1854) mit seinem Gastronomiemuseum (Besichtigung auf Anfrage). Nur ein paar Schritte weiter am Aareabfluss steht das romanische Kirchlein von Scherzlingen (um 1000).

Thun Tourismus,
Bahnhof, 3600 Thun,
Tel. 033/222 23 40, Fax 222 83 23;
www.thuntourismus.ch

Arts Restaurant,
Schloss Schadau, Seestr. 45, Tel. 033/222 25 00. Hier kann man sich mit Blick auf den See und die Berge stilvoll verwöhnen lassen. Di–So 10–24 Uhr. ○○

Beatushöhlen ⑫

Für die Weiterfahrt nach Interlaken hat man die Wahl zwischen den beiden Seeuferstraßen. Schönere Sicht auf die Berner Alpen bietet die Norduferroute. Außerdem berührt sie die sehenswerten Beatushöhlen. Ein 1 km langer Weg führt in das Grottensystem hinein. Wasserfälle und Phantasie anregende Tropfsteingebilde machen die Besichtigung sehr reizvoll (Palmsonntag bis Okt. tgl. 10.30–17 Uhr).

Pioniere – von Bergen und Bergsteigern

Es ist wohl müßig, darüber zu streiten, wo das Bergsteigen seine Wurzeln hat – in den Massiven Helvetiens oder anderswo. Als eigentliche Geburtsstunde des Alpinismus gilt die Bezwingung des französischen Montblanc durch Saussure (1787). Doch bereits viel früher gab es echte Pioniertaten, wie die Tour des Bonifacio Rotario auf die italienische Rocciamelone (3537 m) im Jahr 1388. Aber in der Schweiz stehen halt die meisten Viertausender des Gebirges und mit dem Matterhorn auch sein berühmtester (und schönster?) Gipfel. Nachdem im 18. Jh. Alpenreisen in Mode gekommen waren, handelte es sich bloß um eine Frage der Zeit, bis die Welle der Erstbesteigungen einsetzte. Sie fand einen tragischen Höhepunkt, als 1865 beim Abstieg vom Matterhorn vier Menschen zu Tode stürzten. Als ähnlich »mörderisch« – wie es damals die Boulevardpresse formulierte – erwies sich die Eigernordwand, die nach zahlreichen vergeblichen Versuchen 1938 von einer deutsch-österreichischen Seilschaft erstmals durchstiegen wurde. Zu jener Zeit waren Gipfel wie Jungfrau, Finsteraarhorn, Wildstrubel und Mönch alle längst bezwungen. Der sportliche Ehrgeiz richtete sich nun darauf, immer schwierigere Routen in immer kürzerer Zeit zu meistern. Japanische Kletterer nagelten im Sommer 1969 in nur einem Monat eine Super-Direttissima durch die Nordwand des Eigers; sie wurde bereits ein Jahr danach auch im Winter begangen.

8

Seite
68

Beliebt: Holzhaus in den Bergen

Grindelwald mit dem Wetterhorn

Abstecher ins *Simmental und nach Gstaad

Bei **Spiez** (628 m), 37 km, mündet von Westen das Simmental: eine ländliche Idylle, die sich ideal zum Wandern eignet. Jenseits der Wasserscheide von Saanenmöser (1279 m), im Saanenland, liegt **Gstaad** ⑫ (1049 m). Im berühmten Urlaubsort teilen sich im Winter Prominente und gewöhnliches Volk Lifte und Pisten. Beim Après-Ski ist man auf jeden Fall froh, eine gut gepolsterte Brieftasche zu besitzen.

*Interlaken ⑭

Interlaken (568 m; 5000 Einw.), 55 km, das sich mit Unterseen und Matten auf dem Schwemmland des Bödeli zwischen Thuner und Brienzer See ausbreitet (»inter lacus«), gehörte zu den ersten Schweizer Fremdenverkehrsorten. Berühmt ist der Blick vom baumbestandenen Höhenweg auf die firnbedeckte ****Jungfrau** ⑬ (4158 m). Ihn genossen bereits vor mehr als einem Jahrhundert erlauchte Herrschaften vor allem des British Empire. Heute zählt die großartige Hochgebirgslandschaft zum Weltnaturerbe. Die Entwicklung des Fremdenverkehrs in der Region belegt das **Touristik-Museum** in Unterseen (1. Mai–15. Okt. Di–So 14–17 Uhr).

Tipp Den Sonnenaufgang von der **Schynigen Platte** (1967 m) erleben, vor der Parade der Drei- und Viertausender? Start: 5.40 Uhr in Wilderswil per Zahnradbahn – unvergesslich!

Ausflug in die Lütschinentäler

Den schönsten Blick auf die grandiose Kulisse des Gletscherdorfes ****Grindelwald** mit Eiger (3970 m), Mettenberg (3104 m) und Wetterhorn (3701 m) hat man vom First (2167 m; Gondelbahn).

Auf sonnigen Höhenterrassen über dem Tal der Weißen Lütschine (Trümmelbachfälle) liegen ***Wengen** ⑮ (1275 m) und ****Mürren** ⑯ (1639 m). Der Genuss eines Aufenthalts in großartiger Umgebung wird durch einen weiteren Umstand erhöht: Beide Orte sind autofrei. Eine Seilschwebebahn befördert die Gäste auf einen der spektakulärsten Aussichtspunkte der Schweizer Alpen: das ****Schilthorn** (2970 m).

Hirschen, 3823 Wengen, Tel. 033/855 15 44, Fax 855 30 44, www.wengen.com/hotel/hirschen. Kleines Hotel in ruhiger Lage, komfortable Zimmer. Spezialitätenrestaurant. ○○

8

Seite **68**

Brienz ❼

Brienz (566 m; 2900 Einw.), 73 km, am Nordufer des lang gestreckten *Brienzer Sees ist ein beliebter Ferienort und ein Zentrum der Schweizer Holzschnitzerei. Daneben ist es auch Anlaufstelle für Eisenbahn-Nostalgiker, denn von hier fährt die einzige noch dampfbetriebene Bergbahn ab (s. Kasten). Ein ebenso beliebtes Ausflugsziel sind die *Giessbachfälle am gegenüberliegenden Seeufer. Über 300 m und in 14 Stufen stürzt das Wasser in den See hinab.

Tipp Der Abstecher lässt sich mit einer Schifffahrt verbinden.

Seit 1978 wartet Brienz mit einer weiteren Attraktion auf: dem *Schweize-

---

Bergbahnen

Entscheidende Impulse zur touristischen Entwicklung brachte der Bau zahlreicher Bahnstrecken, die auch heute noch eine besondere Attraktion darstellen. Von Brienz fährt z. B. die einzige noch dampfbetriebene Bergbahn des Landes hinauf zum *Brienzer Rothorn (2350 m; Bergstation 2244 m). Die Krone aller Bergbahnen verdient jedoch die ehrwürdige, 1912 eröffnete **Jungfraubahn ❼. 9,3 km lang und größtenteils im Berg verlaufend, überwindet sie mit Steigungen von bis zu 25 % ab Wengen einen Höhenunterschied von fast 1400 m bis zur Station Jungfraujoch (3454 m). Auf der Fahrt genießt man einen faszinierenden Blick auf den vereisten *Großen Aletschgletscher.

---

rischen Freilichtmuseum Ballenberg. Zu besichtigen sind rund 80 Wohn- und Zweckbauten aus verschiedenen Gegenden des Landes (Eingänge bei Hofstetten und Brienzwiler; April bis Okt. tgl. 10–17 Uhr).

Hostellerie Lindenhof, 3855 Brienz, Tel. 033/951 10 72, Fax 951 40 72, www.hotel-lindenhof. ch. Gastliches Haus fantasievolle Küche, Hallenbad. ○○

Campingplatz: Seegärtli, 3855 Brienz, Tel. 033/951 23 57.

Meiringen ❼

Meiringen (595 m; 2800 Einw.), 85 km, der stattliche Hauptort des Haslitals, ist ein ideales Standquartier für Wanderer und Skifahrer mit direkter (Seilbahn-)Verbindung zu den Pisten am Hasliberg.

Seine Hauptsehenswürdigkeit liegt taleinwärts: Gemeint ist die 1,4 km lange *Aareschlucht, ein grandioses Naturdenkmal. Ein anderes Naturschauspiel, die 100 m hinabstürzenden Reichenbachfälle an der Mündung des Rosenlauitals, kann per Drahtseilbahn besucht werden.

Innertkirchen

Innertkirchen (622 m; 1000 Einw.), 91 km, ist Ausgangspunkt der Passstraßen über die **Grimsel ❽ (2165 m) und den **Susten ❽ (2224 m), die ins oberste Rhonetal (Gletsch, 33 km) bzw. ins Urner Reusstal führen. Beide Strecken gehören zu den schönsten Alpenstraßen der Schweiz. Vom Scheiteltunnel am **Sustenpass (2224 m), 118 km, geht es durch das Meiental hinab nach Wassen (916 m), 136 km.

8

Seite 68

Tour 9

Das **Wallis

Martigny → *Sion → Brig → *Furka-pass → Andermatt (159 km)

Es ist fast 150 km lang und 4000 m hoch: das Wallis (Le Valais), Land der Kontraste und Superlative. Hier stehen mit Monte Rosa (4634 m) und Matterhorn (4478 m) die höchsten Berge der Schweiz, breiten sich die größten Gletscher der Alpen aus – aber unten im Rhonetal gedeihen Tomaten, Aprikosen und Reben. Im Val d'Hérémence wurde die höchste Staumauer der Welt errichtet, und in Crans-Montana erprobt man – zumindest architektonisch – die touristische Zukunft. Das Lötschental hingegen ist dafür bekannt, dass die Menschen ihre Bräuche besonders lebendig halten.

*Sion/Sitten ⊛

Wahrzeichen von Sion/Sitten (508 m; 25 000 Einw.), 28 km nach Martigny, sind seine zwei befestigten Hügel rechts der Rhone, Zeugen einer langen Geschichte, deren Spuren sich in der Jungsteinzeit verlieren. Auffälligstes Bauwerk der Altstadt am Fuß der Burgfelsen ist die **Kathedrale Notre-Dame-du-Glarier** (15. Jh.) mit ihrem mächtigen romanischen Frontturm. Erwähnung verdient auch das 1657 bis 1665 errichtete **Rathaus** mit der astronomischen Turmuhr. In dem burgartigen Komplex der Majorie (1536) sind das **Walliser Kunstmuseum** und das **Archäologische Museum** untergebracht. Sie beantworten u. a. Fragen nach der regionalen Vorgeschichte

und der Zeit der Römerherrschaft (Juni bis Sept. Di–So 13–18 Uhr, Okt. bis Mai 13–17 Uhr).

Im Gegensatz zu Schloss Tourbillon, das, 1294 erbaut, heute nur mehr eine Ruine ist, bietet die *Valeria das Bild einer mächtigen mittelalterlichen Kirchenburg. Der mauerumgürtete Komplex wird von der romanisch-gotischen Stiftskirche überragt. In den Schlossgebäuden wurde das *Valeria-Museum, eine reiche Sammlung zur mittelalterlichen Kulturgeschichte, eingerichtet (Juni bis Sept. tgl. 11 bis 18 Uhr, Okt. bis Mai Di–So 11–17 Uhr; auch Kirchenführungen).

ℹ **Sion Tourisme,** Place de la Planta, 1950 Sion, Tel. 027/327 77 27, Fax 327 77 28; E-Mail: info@siontourism.ch, www.siontourism.ch; Mo–Fr 8.30–12, 14–17.30 Uhr, Sa 9–12 Uhr.

🏠 **Ibis,** Avenue Grand-Champsec 21, 1950 Sion, Tel. 027/203 81 91, Fax 203 13 20. Gutes Preis-Leistungs-Verhältnis. ○○

🍴 **Pont-du-Diable,** Chandolin, 1965 Savièse, Tel. 027/395 30 30. Angenehmes Ambiente. So/Mo geschl. ○○

Tipp Für Familien: ein Besuch im Vergnügungspark **Happyland** in Granges (10 km von Sion).

*Ausflüge von Sion

Rund um die Kantonshauptstadt gibt es eine Vielzahl lohnender Ausflugsziele, so die Rebberge um Savièse (840 m) mit ihren behäbigen Dörfern. Auch die **Mayens-de-Sion** (Frühlingsweiden von Sitten, 1300–1500 m) sind einen Besuch wert: Hier kann man

noch die kunstvoll angelegten Bewäs-
serungskanäle, die »Bisses« (im Oberwallis »Heilige Wasser« genannt), bewundern.

Höhepunkte aber sind die Täler von
***Hérens** ㉞ und ***Hérémence** (39 bzw.
27 km) mit ihren typischen Walliser
Bergdörfern (Evolène, Les Haudères,
La Forclaz), deren dunkelbraune Holz-
häuser in malerischem Kontrast zum
Firn der Gipfel und Gletscher stehen.
Als ein Zeugnis moderner Technik wird
die 284 m hohe Betonstaumauer
(1961) des **Lac des Dix** im innersten
Val d'Hérémence gepriesen. Eine eis-
zeitliche Hinterlassenschaft sind die
Erdpyramiden von Euseigne (975 m).

*Lac souterrain

Bei St-Léonard, 33 km, reizt der Lac
souterrain, die Fahrt erneut zu unterbrechen. Am Ortsausgang weist eine
Tafel auf den unterirdischen See hin,
auf dem man Kahnfahrten unternehmen kann. 300 m lang und bis zu 22 m
tief ist das Gewässer.

Sierre ㉞ und Umgebung

Sierre/Siders (534 m; 15 000 Einw.),
43 km, liegt etwas abseits der Rhone
inmitten ausgedehnter Rebberge. Die
Gegend war bereits in prähistorischer
Zeit besiedelt. Reste des römischen
Castrum Sirri wurden auf dem Géron-
de-Hügel entdeckt. An die Herrschaft
der Sittener Bischöfe erinnert das
Schloss (15. Jh.) der Viztume (Vermö-
gensverwalter). In der **Maison de
Courten** (17. Jh.) wurde ein Gedenk-
zimmer für Rainer Maria Rilke
(1875–1926) eingerichtet: Manuskripte und Briefe des großen Lyrikers liegen zum Studium aus. Im kleinen
Wohnturm von **Muzot** (13. Jh.) bei

*Die Erdpyramiden von Euseigne,
aus Gletscherschutt modelliert*

Sierre verbrachte er seine letzten Lebensjahre.

Noch eine Stufe höher breitet sich
die Sonnenterrasse von **Crans-Montana** (1500 m), 15 km von Sierre, aus,
das mit einem Panorama der gesamten Walliser Alpen, erstklassigen touristischen Einrichtungen, aber auch einigen Bettenburgen aufwartet. Jenseits der breiten Rhonetalfurche öffnet sich nach Süden das ***Val d'Anni-
viers** ㉟, zu Recht gerühmt für seine
landschaftlichen Schönheit.

Hinter Sierre bildet der **Pfynwald,**
dessen Föhrenbestand leider krän-
kelt, die Sprachgrenze vom Bas-Valais
(Unterwallis) zum Oberwallis. Über
dem Eingang ins Dalatal liegt das gut
erhaltene Städtchen ***Leuk,** 49 km.

Das **Lötschental ㊻

Sehr lohnend ist ein Besuch des Löt-
schentals, das zu den reizvollsten Regionen des Wallis gehört. Hier wird

Seite
68

Winterfreuden vor großer Kulisse: Skilaufen unter dem Matterhorn

noch viel auf Traditionen gegeben, und das nicht nur am »Schmutzigen Donnerstag«, wenn die *Roitschäggättä* (die »Rauchgeschwärzten«) mit ihren Furcht erregenden Holzmasken lärmend durch die Dörfer tollen. Bei der Prozession am Segenssonntag (nach Fronleichnam) marschieren die »Herrgottsgrenadiere« in Uniformen aus der Zeit Napoleons mit. (Gampel – Fafleralp 22 km.)

Am Fuß des **Matterhorns

Bei **Visp** (651 m; 6400 Einw.), 72 km, wird man sicherlich erneut von der Rhonetalstraße abkommen, denn es lockt der berühmteste Berg der Welt und Traumziel aller Alpinisten: das **Matterhorn** (4478 m). Mit dem eigenen Wagen darf man nur bis Täsch fahren; die Weiterbeförderung nach **Zermatt** ⑧⑦ (1605 m; 5000 Einw.) übernimmt die Bahn. Kurz vor dem Ort ertönt dann – schönes Wetter vorausgesetzt – ein vielstimmiges »Ah-oh«, untermalt von hastigen »Klicks«, wenn der Berg endlich ins Blickfeld kommt.

Tipp Die ganz große Schau auf das einmalige Hochgebirgspanorama um das Matterhorn bietet der *Gornergrat (3131 m; Zahnradbahn). Noch höher hinaus geht's mit der Seilschwebebahn: bis zum Kleinen Matterhorn (3820 m) am Plateau Rosa (Sommerskigebiet).

Zu Unrecht etwas im Schatten von Zermatt steht **Saas Fee** ⑧⑧ (1798 m; 1300 Einw.) im Saasertal, 26 km von Visp (Parkplatz am Ortseingang). Wer seine Kulisse so richtig genießen will, steigt von Saas Grund (1559 m) zu Fuß über den *Kapellenweg hinauf zum Dorf unter dem Feegletscher (ca. 45 Min.). Ganz hoch hinauf fährt von Saas Fee die »Metro Alpin« bis zum Mittelallalin (3465 m), hier genießt man das grandiose Panorama im welthöchsten Drehrestaurant und besucht den riesigen Eispavillon.

Brig ⑧⑨

Ein Mann hat dem Städtchen Brig (681 m; 4000 Einw.), 81 km, – zumindest optisch – seinen Stempel aufgedrückt: Kaspar Jodok Stockalper (1609–1691), der ungekrönte König des Simplon, weltgewandt und als Kaufmann höchst erfolgreich. Sein Denkmal ist der ***Stockalperpalast** (1658–1678), der bedeutendste Barockpalast der Schweiz (Führungen).

*Simplonpass ⑨⓪

Die Geschichte von Brig ist eng mit dem Simplonpass (2005 m) verbunden, der als Übergang in die Lombardei früh an Bedeutung gewann. Napoleon ließ den Passweg zur Fahrstraße ausbauen, und zu Beginn unseres Jahrhunderts bohrten Mineure den 19 km langen Eisenbahntunnel in den Berg. Heute präsentiert sich die Simplonroute in bestem Zustand. An die Zeit der Säumer erinnert das **Alte Hospiz** (1235).

*Großer Aletschgletscher ⑨①

Zu den Naturwundern der Alpen gehört der 28 km lange Große Aletschgletscher. Aussicht auf diesen gewaltigen Eisstrom bietet die **Belalp** (2094 m), zu der von Blatten eine Seilschwebebahn hinaufzieht. Günstige Ausgangspunkte für Wanderungen sind die ***Riederalp** (1943 m) und **Bettmeralp** (1950 m). Eine weitere Luftseilbahn führt von Fiesch (1050 m) auf den Aussichtsberg der Gegend, das ***Eggishorn** (2926 m). Gegenüber, am Weg ins Binntal, liegt ***Ernen** (1196 m), ein besonders stilvolles Walliser Dorf.

Das *Goms

Das Goms bildet die oberste Talstufe der Rhone, die hier Rotten heißt. Ein Haufendorf folgt auf das andere, z.T. haben sie schöne alte Häuser und stattliche Barockkirchen, vor allem Niederwald, Reckingen und Münster. In Gletsch (1760 m) wird der Blick auf den mächtigen ***Rhonegletscher** frei. Weiter im Tal sind die Serpentinen der Furkastraße zu sehen, die unmittelbar an den Eiskatarakt heranführen. Die ***Furka** ⑨② (2431 m) bildet den Übergang nach Andermatt (1444 m; siehe S. 56), 159 km.

Viel Temperament und harte Schädel

Böse Zungen haben das Wallis auch schon als den Wilden Westen der Schweiz bezeichnet. Das ist natürlich übertrieben, obwohl man seinen Bewohnern südländisches Temperament und eine rechte Dickschädligkeit nachsagt. Da wird schon mal eine Tomatenernte in die Rhone gekippt, wenn der Preis nicht stimmt – und von »Bern« (der Landesregierung) lässt man sich nur sehr ungern etwas vorschreiben.

Harte Schädel und ein lebhaftes Temperament zeichnen auch die Eringer-Kühe – eine Walliser Rasse – aus. Das stellen sie im Frühling bei den im Unterwallis sehr populären **Kuhkämpfen** unter Beweis. Doch keine Angst, Blut fließt dabei nicht. Die Kontrahentinnen steigen auch nur dann in den Ring, wenn sie dazu Lust haben, und verzichten in aller Regel darauf, einer unterlegenen Rivalin nachzusetzen oder sie gar zu verletzen.

9

Seite
68

Infos von A–Z

Devisenbestimmungen

Schweizerische und ausländische Zahlungsmittel dürfen in unbeschränkter Höhe ein- und ausgeführt werden.

Diplomatische Vertretungen in der Schweiz

▌**Deutschland:**
3005 Bern, Willadingweg 83 (Botschaft), Tel. 031/359 41 11; Mo–Fr 9–12 Uhr.
Konsulate in Basel, Genf, Lugano und Zürich.

▌**Österreich:**
3005 Bern, Kirchenfeldstraße 77 (Botschaft), Tel. 031/356 52 51; Mo–Fr 9–12 Uhr.
Konsulate in Basel, Chur, Genf, Lausanne, Lugano, Luzern, St. Gallen und Zürich.

Einreise

Touristen aus Österreich und Deutschland benötigen für die Einreise in die Schweiz lediglich einen Reisepass oder einen Personalausweis, sofern die Aufenthaltsdauer drei Monate nicht überschreitet. Für Kinder bis 16 Jahre, die nicht in den Pass der Eltern eingetragen sind, ist ein Kinderausweis erforderlich (ab 10 Jahre mit Foto).

Elektrizität

Die Netzspannung beträgt 220 Volt Wechselstrom. Schukostecker sind nicht verwendbar (Adapter notwendig).

Feiertage

Als allgemeine Feiertage gelten in der Schweiz: Neujahr, Karfreitag, Ostermontag, Christi Himmelfahrt, Pfingstmontag, 1. August (Nationalfeiertag) und Weihnachten. Dazu kommen die konfessionellen Feiertage, die in den entsprechenden Gegenden gefeiert werden: Berchtoldstag (2. Januar), Fronleichnam, Mariä Himmelfahrt (15. August), Allerheiligen (1. November), Mariä Empfängnis (8. Dezember) und Stephanstag (26. Dezember). Der 1. Mai wird nicht überall als Feiertag begangen.

Geld und Währung

Münzeinheit ist der Schweizer Franken. 1 CHF (oder Fr) = 100 Rappen (Rp oder ct). Im Umlauf befinden sich Banknoten zu 1000, 500, 200, 100, 50, 20, 10 CHF, Münzen zu 5, 2, 1 und 0,5 CHF sowie zu 20, 10, 5 und 1 Rp.

Die eingeführten ausländischen Zahlungsmittel werden bei Banken, Wechselstuben, in Bahnhöfen, Reisebüros und größeren Hotels in Franken umgetauscht. Eurocheques bis zu 300 sfr können in den meisten Schweizer Banken und bei Postämtern eingelöst werden. Die Landeswährung erhält man mit ec-Karte und Geheimzahl auch an den zahlreichen ec-Geldautomaten (bancomat). Weit verbreitet sind daneben die gängigen Kreditkarten (Eurocard, Visa).

Wechselkurs: 1 CHF = ca. 0,68 Euro.

Haustiere

Für Hunde und Katzen benötigt man bei der Einreise ein tierärztliches Zeugnis (mindestens 30 Tage, höchstens ein Jahr alt), aus dem hervorgeht, dass das Tier gegen Tollwut geimpft ist.

Information

Auskünfte und Broschüren erhält man bei den Büros von **Schweiz Tourismus:**

▌**Deutschland:** 60070 Frankfurt/M., Postfach 16 07 54.

- **Österreich:** 1015 Wien, Postfach 34.
- **Schweiz:** 8027 Zürich, Postfach 695.

- **E-Mail:** info@schweiz.de,
- **Internet:** www.myswitzerland.com.
- Weltweite Gratisnummer für Informationen und Reservierungen: Tel. 00800/100 200 30 (tgl. 8–21 Uhr), Fax 00800/100 200 31.

Krankenversicherung

Empfohlen ist der Abschluss einer privaten Reisekrankenversicherung, die in der Regel recht günstig angeboten wird.

Notruf

- Polizei: Tel. 117.
- Feuerwehr: Tel. 118.
- Unfallrettung: Tel. 144.

Öffnungszeiten

- **Banken:** Montag bis Freitag 8.30–12 und 14–16.30 Uhr.
- **Behörden:** Montag bis Freitag 8–12 und 14–17 Uhr.
- **Post:** Montag bis Freitag 7.30–12 und 13.45–18 Uhr, Samstag 7.30–11 Uhr.
- **Geschäfte:** Montag bis Freitag 8–12.30 und 13.30–18.30 Uhr, Samstag 8–12.30 und 13.30–16 Uhr. In den Städten ist oft auch über Mittag geöffnet, Mittwoch oder Donnerstag Abendverkauf bis 21 Uhr, am Montagvormittag dafür vielfach geschlossen (regionale Abweichungen sind möglich).

Postgebühren

Briefe und Postkarten nach Deutschland oder Österreich kosten 1,20 CHF (bis 20 g) bzw. 1,70 CHF (bis 50 g); eilige Sendungen (mit dem Vermerk »Prioritaire«) müssen bis 20 g mit 1,30 CHF, bis 50 g mit 2,– CHF frankiert werden.

Telefon

Vorwahl ins Ausland: Deutschland 00 49, Österreich 00 43. Die Schweiz hat die internationale Vorwahl 00 41. Der Mindesteinwurf bei Münzfernsprechern beträgt drei 20-Rappen-Münzen. Verbreitet sind daneben öffentliche Fernsprecher mit Telefonkarte (Taxcard zu 10 oder 20 CHF), die man bei Postämtern, an Bahnhöfen oder Kiosken kaufen kann. Zu günstigeren Tarifen telefoniert man Sa/So sowie werktags von 17–19 und von 21–8 Uhr.

In der Schweiz sind auch Mobiltelefone mit D1- oder D2-Netz einsetzbar, in Berggegenden ist der Empfang manchmal schlecht. Während des Autofahrens dürfen Handys ohne Freisprechanlage nicht benutzt werden.

Zeitungen

Weiteste Verbreitung im deutschsprachigen Raum hat das Boulevardblatt »Blick«, eine linksliberale Position verfolgt der viel gelesene »Tages-Anzeiger« aus Zürich, die berühmte »NZZ« (»Neue Zürcher Zeitung«) widmet sich vor allem wirtschaftlichen und kulturellen Themen. Seit 1994 ist das Nachrichtenmagazin »Facts« auf dem Markt.

Zollvorschriften

Bei der Einreise in die Schweiz sind pro Person zollfrei zugelassen: für den persönlichen Gebrauch bestimmte Gegenstände wie Kleider, Kameras, Sportgeräte, Musikinstrumente, außerdem Reiseproviant für einen Tag; Geschenke bis 100 CHF sowie 2 l Alkohol unter 15 °, 200 Zigaretten oder 50 Zigarren oder 250 g Tabak.

Bei der Wiedereinreise ins Heimatland sind pro Person (über 17 Jahre) zollfrei: 200 Zigaretten oder 250 g Tabak, 1 l Spirituosen sowie Geschenke bis zu einem Wert von 175 Euro.

Langenscheidt Mini-Dolmetscher Schwyzerdütsch

Das ABC der Schweizer Dialekte:
ein paar Ausdrücke und Redewendungen,
die man verstehen muss – »nüd so eifach«.

Alltags-Wortschatz

Grüezi!	Guten Tag!
Salü!	Guten Tag!
Salü!	
Tschau!	Tschüss!
Adieu! [adiö]	Auf Wiedersehen!
Uf Widerluege!	
Hoi!	Hallo! (Ostschweiz)
Äxgüsi!	Entschuldigung!
Isch wahr?	Ist es wahr, was du soeben erzählt hast? (Ausdruck von Erstaunen)
..., oder?	sagt der Zürcher nach jedem zweiten Satz
..., gället'Sii?	..., nicht wahr?
Billet	Fahrkarte, auch: Führerschein
Perron	Bahnsteig
Car	Reisebus
Tram	Straßenbahn
Töff	Motorrad
Füereruswiis	Führerschein
parkieren	parken
Trottoir [**trott**war]	Gehsteig
es Pötäterli	Feuerzeug
Chrut und Rüebli/Ruebe	Durcheinander
en Chnopf / d'Chnöpf	kleines Kind / die Kinder
Duvet [**düwe**]	Oberbett
Coiffeur [**koa**fför]	Friseur
rüdig (guet)	sehr (gut) (in Luzern)
es bitzeli	ein bisschen
amigs	manchmal
Chunsch ändli?	Kommst du endlich?
Lass' sii	Lass es sein.
Hör uf liiere.	Nur nichts überstürzen.
Nume nid gschprängt.	Hör auf zu nörgeln.
Es isch mer gschmuech.	Es ist mir nicht gut.
poschte	einkaufen
öppedie	ab und zu
verchlöpft	erschrocken
dure bi rot	durchgedreht, verrückt
gruusig	ekelhaft
scharmiere	flirten (Wallis)

Was man oft so hört

Zugehört in der Beiz – und nichts verstanden? Wir helfen Ihnen weiter.

[**chu**chi**chäscht**li]	Jeder kennt's, keiner spricht das »Küchenkästchen« richtig
s'Zäni!	toll! (Zäni = zehn)
ghupft wie gsprunge	einerlei, egal
wie's Bisiwätter	schnell
brümmele	leise vor sich hin schimpfen
gluschtig mache	auf etwas Appetit machen
Büez(er)	Arbeit(er)
Chlapf	Knall
Chreis Cheib	(Rotlicht-)Quartier in Zürich
Matten-Änglisch	Quartierdialekt in Bern
Beppi	Basler (humorvoll)
Grind	Kopf (sehr grob)
en herte Grind	Dickschädel
Witzknolle	Witzbold
e glatte Cheib	ein lustiger (oder eigenartiger) Kerl
Schnuri	einer, der viel redet
Tschugger	Polizist (abwertend)
verseckle	jemanden betrügen, hintergehen, versetzen
Seckle	Rennen (salopp)
trümlig	schwindlig
gingge	treten (grob)
Gingg	Tritt
Er isch durebrännt.	Er ist abgehauen (meistens der Ehemann).

Zählen, rechnen

eis	eins
zwei	zwei
drü	drei
vier	vier
föif	fünf
sächs	sechs
sibe	sieben
acht	acht
nün	neun
zäh	zehn
Dezi	ein Zehntel Liter
Münz	Kleingeld
Fuffzgi, Fuffzgerli	50-Rappen-Stück
Stutz	Franken – in Verbindung mit einer Zahl, sonst: Knete, viel Geld

Föifliber	5-Franken-Stück
Füffzger	50-Franken-Note
Rappespalter	Geizhals

Essen und Trinken

Da sind die Schweizer ganz groß!
Von den Zürchrn sagt man sogar, dass
Essengehen ihre beliebteste Freizeit-
beschäftigung sei.

E Guete!	Guten Appetit!
Guet gsi!	Es hat geschmeckt!
Zmorge	Frühstück
Znüni	Zwischenmahlzeit (vormittags)
Zmittag	Mittagessen
Zvieri	Zwischenmahlzeit (nachmittags)
Znacht	Nachtessen
Dessert [**dess**är]	Nachtisch
Beiz	Wirtschaft
Spunte	einfachere Gaststätte
Kafi güx	Kaffee mit Schnaps – und
Kafi fertig	diesen gibt es in vielen
Kafi mit	Variationen
Kaffee crème	Kaffee mit Sahne
Schale	Milchkaffee
es Zweierli	0,2 Liter Wein
es Drüerli	0,3 Liter Wein
Pfiff	Glas Veltliner-Wein
Stange	kleines Bier
Caquelon [**kagg**lon]	Fonduetopf
Aelpler-magrone	Gericht aus Kartoffeln, Makkaroni, Käse und Zwiebeln
Anke	Butter
Berner Platte	Sauerkraut, Salzkartof-feln, Speck, Wurst und Rippchen
Bölle	Zwiebel
Bölledünne	Zwiebelkuchen (Nordschweiz)
Chabis	Kohl
Chriesi	Kirschen
Chrottepösche (salat)	Löwenzahn(salat)
Fuschtbrot	Brot mit Wurst drauf
Gipfeli	Kipferl
Gomfi	Marmelade (Konfitüre)
Gschwellti	Pellkartoffeln
Güggeli	Brathähnchen
Gumme-lischtunggis	Kartoffelpuffer
Härdöpfel	Kartoffeln
es lgchlemmts	Sandwich (»Eingeklemmtes«)

Meringue [mer**änge**]	Baiser (Schaumgebäck aus Eiweiß)
Nidel	Haut auf der Milch
Nüsslisalat	Feldsalat
Nuttedisel	Champagner
Plätzli	Schnitzel
Rahm	Sahre
Rande	Rote Rübe
Röschti	das Schweizer National-gericht aus geraspelten gebratenen Kartoffeln
Rüebli	Karotte(n)
Ruchbrot	dunkles Brot
Schoggi	Schokolade
Schüblig	Wurstspezialität aus St. Gallen
Spatz	Suppe mit (wenig) Fleisch und Gemüse (klassisches Essen im Militärdienst)
Vermicelles [**werm**isell]	Nachtisch aus pürierten Esskastanien
Weggli	weißes Brötchen
Wii	Wein

Sport

Dass der Sport seine eigene Sprache hat,
wissen wir ja.

tschutte	Fußball spielen
Gool!	Tor!
Corner [**korner**]	Eckball
Velo [**welo**]	Fahrrad
Veloränne	Radrennen
Heugümper	Heuschrecke = Grasshopper (bekannteste Schweizer Fußballmannschaft)

Flüche

In den Schweizer Dialekten gibt es eine
Unmenge von (mehr oder weniger) derben
Ausdrücken, die aber oft nur verbalisierte
Ausrufezeichen sind

Verreckt rüdig!	ganz, ganz besonders (meistens positiv)
Chaibe Züg!	So was!
Miner Närve!	Das ist nicht zum Aushalten/Ertragen!
Potz heitere Fahne!	Me n lieber Mann! Liebe Güte!
Stärne föifi!	Verdammt noch mal!
Blas mer i d'Schue!	Du kannst mich mal!
Läck mi!	
Gottverdeckel! Gottfridstutz!	Sehr derbe Ausdrucks-weisen der Verärgerung

Ortsregister

Personen- und Sachregister

Zeichenerklärung

Unsere Preissymbole bedeuten:

Hotel (DZ mit Frühstück pro Person):		Restaurant (Menü):	
○○○	ab 150 CHF	○○○	ab 70 CHF
○○	80 bis 150 CHF	○○	40 bis 70 CHF
○	unter 80 CHF	○	unter 40 CHF

Polyglott im Internet: www.polyglott.de,
im Shell GeoStar unter www.ShellGeoStar.com,
im Travel Channel unter www.travelchannel.de

Alle Informationen stammen aus zuverlässigen Quellen und wurden sorgfältig geprüft. Für ihre Vollständigkeit und Richtigkeit können wir jedoch keine Haftung übernehmen.
Ergänzende Anregungen bitten wir zu richten an:
Polyglott Verlag, Redaktion, Postfach 40 11 20, 80711 München.
E-Mail: redaktion@polyglott.de

Impressum

Herausgeber: Polyglott-Redaktion
Autoren: Eugen E. Hüsler, Barbara Emde (Kapitel Malerei und Bildhauerei sowie Literatur)
Lektorat: Gabriele Hähnel
Aktualisierung: Eugen E. Hüsler
Layout: Ute Weber, Geretsried
Karten und Pläne: Sybille Rachfall
Titeldesign-Konzept: Independent Medien-Design
Satz: Tim Schulz, Dagebüll
Satz Special: Carmen Marchwinski, München

Komplett aktualisierte Auflage 2003/2004
© 2001 by Polyglott Verlag GmbH, München
Printed in Germany
ISBN 3-493-58701-5
Dieses Buch wurde auf chlorfrei gebleichtem Papier gedruckt.

Die wichtigsten Sehenswürdigkeiten auf einen Blick

*** eine eigene Reise wert   ** einen Umweg wert   * sehr sehenswert

Nordschweiz
- ** Münster, Basel (S. 29)
- ** Kunstmuseum, Basel (S. 31)
- ** Rheinfall (S. 53)

Ostschweiz/Graubünden
- *** Stiftsbibliothek der Abtei in St. Gallen (S. 63)
- *** Holzdecke von St. Martin, Zillis (S. 67)
- *** Kloster St. Johannes, Müstair (S. 89)
- ** Via Mala (S. 67)
- ** Albula-Pass-Straße (S. 86)
- ** Engadin (S. 87)
- ** Berninapass (S. 90)
- ** Bergell (S. 91)

Westschweiz
- ** Genf (S. 38)
- ** Fribourg (S. 71)
- ** Klosterkirche Romainmôtier (S. 80)
- ** Kathedrale Lausanne (S. 81)
- ** Wallis (S. 96)
- ** Lötschental (S. 97)

- ** Matterhorn (S. 98)
- ** Zermatt (S. 98)
- ** Saas Fee (S. 98)

*** **Bern/**Berner Oberland**
- *** Bern (S. 34)
- ** Jungfrau (S. 94)
- ** Grindelwald (S. 94)
- ** Mürren (S. 94)
- ** Schilthorn (S. 94)
- ** Jungfraubahn (S. 95)
- ** Grimsel (S. 95)
- ** Sustenpass (S. 95)

** **Zürich/Zentralschweiz**
- ** Luzern (S. 42)
- ** Vierwaldstätter See (S. 42)
- ** Pilatus (S. 46)
- ** Zürich (S. 46)
- ** Tessin (S. 57)
- ** Locarno (S. 59)
- ** Lago di Lugano (S. 61)
- ** Morcote (S. 62)
- ** Benediktinerabteikirche Einsiedeln (S. 84)

Die Schweiz im Internet

www.MySwitzerland.com
www.swisshotels.ch
www.bnb.ch

www.topevents.ch
www.topin.ch
www.swisswine.ch

Der Autor

Eugen Eduard Hüsler

ist Verfasser zahlreicher Reiseführer sowie Kletter- und Wanderbücher über die Schweiz und den gesamten Alpenraum. Der gebürtige Zürcher lebt heute in Süddeutschland.